라틴아메리카의 보석

콜롬비아

COLOMBIA

죽기 전에 꼭 한 번은 가 봐야 할 그곳

라틴아메리카의 보석

콜롬비아

김정아 지음

DARK
horse

지은이 **김정아**

서울대학교 노어노문학과를 졸업하고 동 대학원에서 석사를 마쳤다. 서울대학교 박사 과정 중 미국으로 유학해 일리노이대학교 슬라브어문학부 대학원에서 석사와 박사 학위를 받았다. 부전공으로 폴란드 문학을 공부했다.

박사 논문은 「도스토옙스키의 『죄와 벌』에 나타난 숫자 상징」이며, 다수의 소논문을 국내외 언론에 발표했다. 서울대학교 등에서 19세기 러시아 문학을 강의했고, 20여 권의 책을 번역했으며, 도스토옙스키 4대 장편 단일 번역가 번역이라는 세계 최초의 프로젝트를 진행 중이다. 『죄와 벌』『백치』『악령』 완역본이 출간됐고, 현재 『카라마조프가의 형제들』을 번역하고 있다.

운명처럼 맞닥뜨린 패션계에서 잠시 거쳐 가려고 했다가 어느새 국내에서 독보적인 패션 MD가 되어 '슈퍼 MD'로 불린다. 현재 (주)스페이스 눌Space Null의 대표이사이자 편집숍 '스페이스 눌' 모노 브랜드 스토어 '메리링' '보라 악수'의 치프 MD, 프랑스 브랜드 '데바스테DÈVASTÈE'의 치프 크리에이티브 디렉터로 활동하고 있다. 스페이스 눌을 통해 '에르노Herno'의 여성복 라인을 국내에 처음으로 소개했고, 다수의 해외 브랜드 국내 판권과 데바스테 전 세계 판권을 보유하고 있다.

'MD들의 바이블' '백화점 바이어의 교과서'로 불리는 패션 MD 시리즈 『패션 MD 1: 바잉』『패션 MD 2: 브랜드』『패션 MD 3: 쇼룸』을 출간했으며, 콜롬비아 와유족 어린이들을 돕고 그들의 문화를 알리기 위해 『모칠라 스토리』를 썼다. 그리고 연세대학교와 SK 플래닛 등 대기업 임원을 대상으로 '패션과 유통의 미래' 등에 대해 강의하고 있다.

프랑스대사관, 프랑스레더조합FFC과의 협업으로 잠실 월드타워 에비뉴엘에서 한 달간 대형 전시와 팝업 '가죽 패션 제품을 향한 프랑스 열정의 역사'를 진행했고, 10여 년간 프랑스대사관 소속 비즈니스 프랑스Business France의 비즈니스 컨설팅을 해 오고 있다.

중앙일보(주말판)에 '도스토옙스키 문학으로 본 21세기'와 패션계에서 가장 영향력 있는 월간지 『패션비즈』에 '어느 인문학자의 패션 오디세이' 칼럼을 연재 중이다.

Author Anya Kim

Anya Kim graduated from Seoul National University, Russian language and Literature department. She also completed her master's degree at the same graduate school. During her doctoral studies at Seoul National University, she went to the United States, where she received her Master's degree and Ph.D in Slavic literature in University of Illinois at Urbana-Champaign's Graduate School of Slavic Languages and Literatures. In addition, she further minored in Polish literature.

Her doctoral thesis is "Numerological Code in Dostoevsky's *Crime and Punishment*", and she has published numerous related essays in both korean and international journals. Anya Kim also hosted lectures on the 19th Century Russian literature at multiple academic institutions including Seoul National University. As of now, she has translated about 20 books from Russian to Korean. Now she is working on the world first project which is to translate all of four major works of Dostoevsky singlehandedly. So far, She published translations of *Crime and Punishment*, *Idiot* and *Demon* and she is currently working on *The Brothers Karamazov*, the last entry of this 10 year project.

She entered the fashion world by chance and attempted to incorporate fashion into her life as a merely transient part of her career. However, unbeknownst to her, she found herself becoming an unrivaled fashion MD in Korea, now called 'Super MD'. Currently, she occupies numerous titles, such as being the CEO of Space Null inc., chief MD of 'select shop Space Null' and mono brand store 'Maryling', 'Bora Aksu', and CD(creative director) of french brand DÈVASTÈE. She introduced Herno's women's line to Korea for the first time through Space Null, and owns the domestic rights of many European brands and the worldwide rights of DÈVASTÈE.

She is a writer of best selling books in fashion: the Fashion MD series. They are praised by many to be the 'MD's Bible' and 'Department Store MD's Textbook'. The series consists of 3 entries: *Fashion MD 1: Buying*, *Fashion MD 2: Brand*, and *Fashion MD 3: Showroom*. She also wrote *Mochila Story* to help Colombia's Wayuu children and promote their culture. She lectures on the future of fashion and retail chain to executives of large cooperations in Yonsei University and SK Planet.

In collaboration with the French Embassy and FFC, she held a month-long large-scaled exhibition 'Histoty of French Passion for Leather Accessories' and a related pop-up at Jamsil World Tower Avenuel. She is also a fashion business consultant for the Business France in French Embassy.

In Jungang Daily News(weekend), Anya Kim is currently serially publishing a full-page column with the title of 'The 21st Century Through the Eyes of Dostoevsky'. She is also serially publishing a column with the title 'A Scholar's Fashion Odyssey' in a fashion magazine, *Fashion Biz*.

Alejandro Peláez Rodríguez

Colombian Ambassadorto Korea

Thanks to her sensitivity to nature and her passion for artistic and cultural expressions, Anya Kim became interested in conducting a diverse research project that motivated her to visit Colombia and compile part of Colombian history, focusing particularly on different artistic, cultural, natural and tourist aspects of the country.

The extraordinary natural richness of Colombia, the second most biodiverse country in the world, has much to offer to the entire world. These aspects make of Colombia a unique destination filled with beauty that Anya highlights as jewels in her book.

Her work, *Colombia, Jewel of Latin America*, is a fascinating contribution that enriches us with details about various aspects of the country's identity and prosperity. With straightforward language and lively and vibrant illustrations, Anya explores in 4 chapters general aspects of Colombian history that lead to Its diversity. Being a Ph.D in Literature, she dedicates lines to describe the literature of the Nobel prize winner, Gabriel García Márquez, one of the most important Spanish-language writers whose narrative ability allows him to describe real stories in fictional scenarios which is called 'magical Realism', as well as write journalistic chronicles that have resulted in their adaptation into movies, including as *Love in the Time of Cholera, Chronicle of a Death Foretold* and the television series 'News of a Kidnapping'.

Anya highlights and encourages exploring the Unesco World Heritage sites the country hosts such as Coffee Cultural Landscape, Cartagena de Indias, and the Archaeological Park of San Agustín. She also urges the readers to marvel at the beautiful Colombian flowers and butterflies, the dazzling Colombian emeralds, and the natural richness and magic of places like Caño Cristales, known as the river of seven colors, the Salt Cathedral of Zipaquirá, as well as the tourist attractions of cities such as Bogotá, Cali, Popayán, Medellín, Santa Marta, and Barranquilla.

Let this be an opportunity to thank Anya for her love of Colombia and her dedication to presenting this valuable work in her native language, which undoubtedly contributes to the strengthening of the fraternal bonds between Colombia and South Korea.

Dear friend, I invite you to enjoy this work that promises a better understanding of the Colombian heritage and culture. Perhaps it may even inspire you to experience firsthand and exclusive Wayuu bag as you understand and appreciate its history and origin, to read a book by the master Gabriel García Márquez l, to visit to an exhibition featuring the works of master Botero, to savor a delicious cup of Colombian coffee, and, at some point, to embark on a journey to the Country of Beauty.

Alejandro Peláez Rodríguez

Colombian Ambassador to Korea

콜롬비아 대사 추천사

자연에 대한 독특한 감수성과 예술적·문화적 영감이 풍부한 김정아 대표는 콜롬비아를 직접 방문해 예술과 문화, 자연, 역사 등 다양한 방면을 연구했습니다.

콜롬비아는 전 세계에서 두 번째로 생물학적 다양성이 높은 나라로, 자연이 부여한 그 놀라운 풍요로움을 보면 누구나 감탄할 것입니다. 저자의 표현대로 콜롬비아는 '보석' 과 같은 아름다움을 간직하고 있는 특별한 나라입니다.

이런 의미에서『라틴아메리카의 보석 콜롬비아』는 콜롬비아의 문화적 풍부함을 한국 독자들과 공유할 수 있게 만든 환상적이고 매혹적인 공헌이라고 평가할 수 있습니다. 저자는 풍부한 언어와 생생한 사진으로 다양성이 공존하는 콜롬비아의 역사, 문화, 전통 등을 4개 장에 걸쳐 탐구합니다.

또한 문학박사인 저자는 노벨문학상 수상자인 가브리엘 가르시아 마르케스에 대한 설명도 잊지 않습니다. 마르케스는 전 세계적 명성을 가진 뛰어난 스페인어 작가이자 허구의 시나리오를 기반으로 기막힌 현실을 묘사하는 '마술적 사실주의' 작가로 유명합니다.『콜레라 시대의 사랑』『예고된 죽음의 연대기』를 비롯해 TV 시리즈 '납치 뉴스' 등 영화로 각색된 저널리즘으로도 널리 알려져 있습니다.

저자는 이 책을 통해 커피 문화 경관, 카르타헤나 데 인디아스, 산아구스틴고고학공원 등 유네스코 세계문화유산을 조명하고 탐험합니다. 더불어 콜롬비아의 꽃과 나비, 눈부신 에메랄드, 오색강으로 알려진 카뇨크리스탈레스, 지파키라의 소금성당, 보고타, 칼리, 포파얀, 메데인, 산타 마르타, 바랑키야와 같은 도시의 아름다움을 소개하면서 현대와 전통을 잇는 신기한 마법 같은 세상으로 독자들을 초대합니다.

저자의 이런 헌신이 콜롬비아와 한국 간의 형제적 유대를 강화하는 데 큰 도움이 되리라고 믿어 의심치 않습니다.

콜롬비아의 유산과 문화에 대한 더 나은 이해를 약속하는 『라틴아메리카의 보석 콜롬비아』를 마음껏 즐기기를 바랍니다. 이 책을 통해 와유족이 만드는 모칠라 가방의 역사와 기원을 이해하고, 거장 가브리엘 가르시아 마르케스의 책을 읽고, 페르난도 보테로의 작품을 보고, 맛있는 콜롬비아 커피 한 잔을 음미하십시오. 그러다 보면 언젠가 이 아름다움의 나라 콜롬비아로 여행을 떠나게 될 것입니다.

알레한드로 펠라에스 로드리게스
주한 콜롬비아 대사

General Tito Saúl Pinilla P.

Former Air Force Colombian

I had the wonderful opportunity to live in a country known as South Korea; a great personal and family experience. While I was there I had the chance to represent my country, Colombia, as an ambassador between 2014 and 2018. This experience was unforgettable because of its interesting people, superb education, unique culture, and heartwarming friendship. We are blood brothers because Colombian soldiers fought in the struggle for the freedom and independence of this beautiful country; many even offered their lives for this noble cause.

One day, I had the chance to meet Mrs. Anya Kim, who asked for advice regarding a book that she was writing at that time, which happened to be about the Wayúu bag: Mochila. Mochilla is a garment made and used by natives of a region in the north of Colombia called Guajira. I gave Anya my full support for the project with great pleasure. The next year, I received a beautiful copy of her book, titled *Mochila Story* which surprised me not only for its superb writing and beautifully taken photos but also for Anya's dedication to the project, which was demonstrated by her willingness to visit the Columbia and experience authentic Wayúu culture.

Now she surprises me again with her new book, *Colombia, Jewel of Latin America*, which will be published in Korean so that Koreans can enjoy and grasp the wonders of this beautiful country. Anya Kim's book is the first book on Colombia written in Korean. The incredible division of the chapters by themes makes it easy for readers to gain knowledge and insight into the country's history; there is a chapter dedicated to culture and industry and to the beautiful comparison made between Fernando Botero, a painter and sculptor, and Picasso. Furthermore, as a Columbian, I found the book's decision to praise García Márquez as the epitome of world literature extremely flattering.

It Is such a beautiful book! On behalf of all the Colombian people, I thank Anya Kim for showing the beauty of our country.

General Tito Saúl Pinilla P.
Former Colombian Air Force Commander(2011~2014)

전 공군 참모 총장이자 전 주한 콜롬비아 대사 추천사

2014~2018년 주한 콜롬비아 대사로 한국에서 살 수 있는 멋진 기회를 얻었습니다. 한국에서 저와 제 가족은 즐거운 시간을 보냈고 멋진 경험을 했습니다. 한국의 교육과 문화, 한국인과의 우정은 잊을 수 없는 추억으로 제 가슴속에 남아 있습니다.

콜롬비아 군인들이 이 아름다운 나라의 자유와 독립을 위해 투쟁하고, 많은 사람이 가치 있는 대의를 위해 목숨을 바쳤기에 한국과 콜롬비아는 피를 나눈 형제국가입니다.

어느 날 아냐 김Anya Kim을 만날 기회가 있었습니다. 그녀는 콜롬비아 북부 과히라 지역 원주민들이 손으로 직접 떠서 만드는 와유Wayúu 가방 모칠라에 대한 책을 집필하는 중이었습니다. 저자는 모칠라에 대해 조언을 구했고, 저는 이 프로젝트에 기꺼이 참여해 아낌없는 지원을 했습니다.

그리고 다음 해에 너무도 아름다운 책『모칠라 스토리』를 받고 깜짝 놀랐습니다. 저자가 오지인 과히라 사막을 방문해 와유 문화를 직접 경험하기로 결정하고 그것을 실행에 옮겼다는 사실을 알았기 때문입니다.

저자는『라틴아메리카의 보석 콜롬비아』로 저를 다시 한번 놀라게 했습니다. 경이롭고 아름다운 나라 콜롬비아에 대한 모든 것을 소개하고 있기 때문입니다. 각 주제별로 구분된 이 책은 콜롬비아의 역사, 콜롬비아가 가진 다양한 아름다움에 쉽게 접근하도록 해줍니다. 콜롬비아의 문화와 산업을 다루고, 화가이자 조각가 페르난도 보테로와 피카소를 아름답게 비교하고, 가브리엘 가르시아 마르케스를 세계 최고의 문학가라고 부르는 것에 콜롬비아인으로서 황홀함마저 느낍니다.

너무도 아름다운 책입니다! 콜롬비아의 아름다움을 보여준 저자에게 콜롬비아 국민을 대표해 감사를 전합니다.

티토 사울 피니야

전 공군 참모 총장(2011~2013)이자 전 주한 콜롬비아 대사(2014~2018년)

Soraya Caro Vargas

Columbia Vice minister of industrial development

It's surprising to learn about Anya Kim's story and how her passion for fashion takes her to Colombia, a country more than 14,000 kilometers away from her native South Korea. Her interest took her to one of the least known regions, even by Colombians themselves, given its remoteness from the main urban centers: the Guajira, a beautiful and enigmatic region, located in the northernmost part of Colombia. This territory is inhabited by the Wayuu indigenous community. Wayuu families are renowned for their ancestral techniques in handling fibers, natural colors, and weaving that tell their most heartfelt stories. Hammocks, blankets, belts and bags, products that end up being unique. Her book, *Mochila Story*, allows the reader to decipher how the Wayuu bag is much more than an accessory; there is a life story in each of them.

With the love and passion for Colombia, Anya wrote *Colombia, Jewel of Latin America,* a book that depicts the country's biodiversity, its natural parks, its capacity to deliver unique experiences to travelers thanks to its location in the American continent, and its vibrant cities full of color, nature, gastronomy and music, as well as the infinite capacity of its people to create, innovate and take action.

This book follows the narrative underlying the advertising campaign with which the Ministry of Commerce, Industry and Tourism of Colombia aims to attract 7.5 million travelers in 2026. "Colombia, the country of beauty" highlights the uniqueness that Colombia has over its neighbors and of which it is proud.

Anya Kim's text motivates us, as the Ministry of Commerce, Industry and Tourism, to work in the design of public policies that enable the country to have a tourism sector that leads to fair and sustainable economic growth.

May the jewel that Anya describes shine ever brighter and leaves marks of love to Korean travelers and investors who will visit it thanks to this work!

Soraya Caro Vargas

Columbia Vice minister of industrial development

Bogotá, Friday, May 31st of 2023

콜롬비아 산업개발부 차관 추천사

패션에 대한 김정아 대표의 열정은 그녀를 한국에서 1만 4,000km 이상 떨어진 콜롬비아, 그것도 오지 중의 오지인 과히라로 이끌었습니다. 과히라는 주요 도심에서 멀리 떨어져 있어 콜롬비아 사람에게도 잘 알려지지 않은 지역 가운데 하나입니다. 콜롬비아 최북단에 위치한 그곳은 매우 아름다운 지역으로 와유 원주민 공동체가 살고 있습니다. 와유족은 섬유, 천연 염색, 수작업 손뜨개를 다루는 전통적 기술로도 유명합니다. 해먹, 담요, 벨트, 가방 등 독특한 제품이 그들의 손끝에서 탄생하는데, 그 속에는 이들의 진심 어린 이야기가 아로새겨져 있습니다.

독자들은 김정아 대표의 『모칠라 스토리』를 통해 와유족이 만드는 가방이 단순한 액세서리 이상이라는 사실을 이해했을 것입니다. 그 가방에는 와유족의 오랜 전통과 더불어 그것을 만드는 개개인의 인생이 녹아 있음을 알게 되었을 것입니다.

『라틴아메리카의 보석 콜롬비아』는 김정아 대표의 콜롬비아에 대한 사랑과 열정을 엿볼 수 있는 책입니다. 이 책은 콜롬비아의 생물다양성, 자연공원 등을 소개하고 있으며 여행자에게 독특한 경험을 선사하는 색채와 자연 풍광, 미식과 음악으로 가득 찬 도시의 이야기를 담고 있습니다. 눈에 보이는 콜롬비아뿐 아니라 창조와 혁신, 행동하는 콜롬비아 사람들의 무한한 역량도 잊지 않고 선보입니다.

이 책은 2026년 750만 명 관광객 유치를 목표로 하는 콜롬비아 상공부 광고 캠페인과 그 결을 같이합니다. 현재 우리는 '아름다움의 나라 콜롬비아' 캠페인을 통해 이웃 국가와 차별되는 콜롬비아만의 독특함을 널리 알리고 있습니다.

김정아 대표의 이 책은 관광 산업을 위한 공공정책 설계에 힘쓰는 산업통상관광부 소속인 우리에게 많은 동기를 부여합니다.

그녀가 그려낸 보석들이 앞으로 더욱 빛나고, 콜롬비아를 방문하는 한국 여행객과 투자자에게도 사랑의 흔적으로 남길 바랍니다.

소라야 카로 바르가스
콜롬비아 산업개발부 차관
보고타, 2023년 5월 31일 금요일

차례

| chapter 1 | **남미의 숨은 보석, 콜롬비아**

| chapter 2 | 콜롬비아 문화와 산업

| chapter 3 | 콜롬비아가 낳은 위대한 예술가

| chapter 4 | **콜롬비아, 어디까지 가 봤니?**

|부록| 알아두면 도움이 되는 콜롬비아 여행 정보

진짜 콜롬비아를
만나다

러시아의 소설가 도스토옙스키 전문가로 뼛속까지 인문학자였던 내가 상아
탑에서 내려와 정글 같은 패션계에 몸담은 지 어느덧 16년이 되었고, 그간
패션 관련 도서를 3권이나 출간했다. 직업적 특성상 파리, 밀라노, 런던, 도
쿄, 뉴욕 등 대도시를 헤매고 다니지만, 정말 좋은 브랜드가 있다면 그 어디
도 마다치 않는다. 콜롬비아와의 인연도 그렇게 시작되었다.

　　2014년 '에스닉 모드' 붐이 일면서 할리우드 스타들이 화려한 색상의 뜨
개 가방, 모칠라Mochilla를 들고 다니기 시작했다. 모칠라는 와유족Wayu의 고유
언어로 '크로스백'을 뜻한다. 가방을 눈여겨보긴 했지만 너무 화려한 탓에
스페이스 눌Space Null과 어울리지 않는다고 생각했다. 그런데 2016년 여름 몇
몇 고객으로부터 "스페이스 눌이 골라온 특별한 모칠라를 볼 수 있을 줄 알
았는데 실망이다"라는 이야기가 들려왔다.

　　고객들의 애정 어린 질타를 듣고 부랴부랴 주문을 넣었는데 생각지도 못

『패션 MD』 시리즈

한 피드백이 돌아왔다. 모칠라가 수작업으로 만들어지기 때문에 최소 6주를 기다려야 한다는 것과 오래 기다려야 함에도 이미지와 100% 동일한 아이템이 배송된다는 보장을 할 수 없다는 것이다.

당시만 해도 모칠라와 관련된 지식이 전무한 터라 그들의 피드백을 이해하기가 어려웠다. 그래서 모칠라를 생산하는 와유족을 만나기 위해 리오아차Riohacha를 직접 찾아가기로 했다.

모칠라는 작은 시골 마을 리오아차와 가까운 과히라 사막에 사는 원주민 와유족이 만드는 제품이자 작품이다. 모계 사회인 와유족은 콜롬비아에 살지만 원주민 자치법을 따르며, 정부로부터 자치권을 부여받은 대신 재정적 지원을 받지 않는다. 그런데 2010년대 초반 문명의 이기와 담을 쌓고 자연에 순응하며 전통을 이어오던 이 부족에게 큰 위기가 닥쳤다. 2~3년 동안 이어진 극심한 가뭄으로 농작물이 말라 죽고 가축도 제대로 기를 수 없게 된 것이다. 그전까지 외부 접촉을 극도로 꺼리던 와유족의 여족장은 모칠라를 팔 수 있는 판로를 열어 달라며 외부 세계로 도움을 요청했다. 그것이 부족을 살리는 유일한 방법이었기 때문이다.

여족장의 간절함은 어느새 할리우드까지 전해졌고, 모칠라를 들고 거리를 활보하는 패리스 힐턴, 케이티 페리, 바네사 허진스 등의 모습이 대중의 시선을 사로잡았다. 이 독특한 패션 아이템은 곧바로 잇템, 핫템이 되어 전 세계 셀럽의 어깨는 물론이고 각종 SNS를 장식했다.

전 세계적 관심을 끌어모은 모칠라는 수백 년을 이어온 공동의 기술과 역사, 여인들의 한숨과 기쁨, 전통과 현재가 씨줄과 날줄처럼 엮여 있는 와유족의 결과물이다. 와유 여인들에게 뜨개질은 삶과 정체성 그 자체를 상징한다. 와유족은 대대손손 엄마가 딸에게 위빙 기법을 전수해 왔는데, 100% 수작업으로 이루어지다 보니 가방 하나 만드는 데 2~3주가 소요된다. 와유족이 어떤 환경에서, 어떤 방식으로 모칠라를 만드는지 알게 되면 제품 하나 하나가 소중하지 않을 수 없다.

한 가지 예로 와유족에게 흰개미는 신화적 존재이지만 완성된 모칠라를 갉아먹는 해로운 곤충이기도 하다. 하지만 와유족은 흰개미를 '모칠라가 망가졌을 때 고치는 방법을 알려주는 긍정적 존재'로 여긴다. 와유족이 사는 집도 그들의 사고관을 그대로 반영한다. 그들은 집을 짓기 위해 나무를 베는 법이 없다. 대신 떨어진 나뭇가지나 말라죽은 선인장을 주워 집을 만든다. 그들에게 자연은 극복의 대상이 아니라 완벽한 순응의 대상이기 때문이다. 이런 와유족을 어떻게 사랑하지 않을 수 있겠는가.

리오아차를 찾아갈 당시만 해도 이런 상황을 전혀 알지 못했다. 그래서 전통은 고수하되 자연엔 순응하는 그들의 모습에 더 큰 감동을 받았는지도 모른다. 그렇게 나는 진짜 콜롬비아를 만났다.

한국으로 돌아온 후에도 감동은 쉽게 사라지지 않았다. 손짓과 발짓도 모자라 눈빛까지 동원해 와유족과 소통하던 순간이 계속 생각났다. 10대에 엄마가 된 앳된 모습의 소녀들과 그 소녀들이 낳은 아이들의 모습이 자꾸 떠올랐다. 세상 무해한 모습으로 내 품에서 잠들던 갓난아이의 얼굴도 잊히지

않았다. 와유족을 만나고 돌아와 그 아이들이
처한 환경을 개선하는 데 작은 힘이라도 보태
고 싶어 쓴 책이 바로 『모칠라 스토리』다. 그
때부터 콜롬비아를 향한 나의 사랑이 시작되
었다고 해도 과언이 아니다.

『모칠라 스토리』 표지

콜롬비아와 인연을 맺은 지 어느덧 10여 년
이 지났다. 그동안 콜롬비아와의 인적·물적
교류는 더 활발해졌고, 정서적·정신적 관계도
더 깊어졌다. 티토 사울 피니야Tito Saul Pinilla 전 콜롬비아 공군 참모 총장을 시
작으로 2024년 현재 주한 콜롬비아 대사인 알레한드로 펠라에스 로드리게
스Alejandro Peláez Rodríguez 그리고 모칠라를 만드는 와유족 여인까지 두루두루
알고 지낸다.

콜롬비아 사람에 취하면서 그들이 살아가는 삶의 터전에 관심이 생겼고
문화와 문학, 전통, 관습에도 흥미를 갖게 되었다. 누군가 "콜롬비아는 어떤
나라인가?"라고 묻는다면 다음 세 가지 키워드로 대답하지 않을까 싶다.

첫 번째, 콜롬비아는 남미의 숨은 보석이다. 가야 할 곳, 봐야 할 곳, 기억해야 할 곳이 정말 많다. 우선 카리브해가 선사하는 미식의 풍요로움은 어디 내놔도 손색이 없을 정도다. 그뿐만이 아니다. 콜롬비아에만 존재하는 장소와 시간, 생명이 즐비하다. 안데스산맥이 만들어낸 협곡과 강 언저리에는 문명과 동떨어진 것처럼 느껴지는 한적한 마을들이 숨어 있고, 스페인 식민지시대가 남긴 건축물에는 찬란했던 유럽 국가들의 문화와 생활의 흔적이 남아 있다. 이처럼 콜롬비아에서는 과거와 현재, 도시와 마을이 공존한다. 가브리엘 가르시아 마르케스의 소설처럼 신화와 전설, 현실이 공생하고 있는 셈이다.

두 번째, 콜롬비아는 세계의 관문이다. 남미에서 유럽으로, 유럽에서 남미로 가는 통로로써 대서양과 태평양을 잇는 항구가 많다. 매주 900편 이상의 항공 노선을 운항하는 등 세계 여러 나라를 연결시켜 주는 곳에 위치해 있어 지리적으로도 전략적 가치가 높다. 커피 또한 콜롬비아와 세계를 잇는 중요한 관문 중 하나다.

세 번째, 콜롬비아는 친절하다. 콜롬비아 사람들은 언제나 미소를 잃지 않는다. 다른 나라에서 오는 손님을 두 팔을 벌려 환영하고, 언제 어디서든 음악과 그들만의 리듬으로 사람들을 설레게 하며, 평생 간직할 수 있는 아름다운 기억을 선물한다. 사계절이 동시에 펼쳐지는 온화한 날씨가 콜롬비아 사람들의 마음을 넉넉하게 만들어주는 듯하다.

특히 봉사에 대한 소명과 자발성, 연대는 다른 어떤 나라보다 높다. 또한 친절함과 친밀함으로 무장한 그들은 누구와도 금방 친구가 된다. 한번 맺은 인연은 쉽게 놓지 않는 그들의 모습을 통해 '아름다운 우정'을 곱씹어 보게 되었다.

보석처럼 반짝거리고 친구처럼 다정한 콜롬비아를 나 혼자 알고 있기에는 너무 아깝다. 그래서 개인 보석함에 소중히 넣어 두었던 콜롬비아, 콜롬비아 사람들과의 특별한 경험을 모두와 공유하려고 한다. 좋은 건 무조건 나눠야 하는 게 인문학자이자 슈퍼 MD인 나의 DNA이기 때문이다.

2024년 6월의 어느 날
김정아

형제의 나라,
콜롬비아

6·25전쟁 때 민주주의의 가치를 지키기 위해 참전한 나라, 형제의 나라로 튀르키예가 첫손에 꼽힌다. 총탄이 비 오듯 퍼붓는 전쟁터에서 생사고락을 같이하면서 피를 나눈 형제만큼이나 깊은 정과 감사하는 마음이 터를 잡았다는 뜻이다. 라틴아메리카, 즉 중남미에도 튀르키예 같은 나라가 있으니 바로 콜롬비아다. 유엔군사령부 웹사이트에 따르면 콜롬비아는 중남미에서 유일하게 한국전에 군대를 파견하고 원조한 나라다. 그때의 고마움을 잊지 않고 우리 정부는 국제 외교 무대에서 콜롬비아를 예우한다. 그래서 국가 행사에는 장관급 이하 인사를 보내지 않는 게 관례다.

2023년 11월 11일 부산 유엔기념공원에서 특별한 행사가 열렸다. 1953년 7월 남·북한 휴전 이후 70년 만에 콜롬비아 참전 용사들의 유해가 국내로 들어와 사후 안장되었기 때문이다. 유엔 한국전 전사자 묘지에 콜롬비아 참전 용사가 묻힌 것은 처음이었다. 6·25 당시 유엔군사령부에 배속되었던 고故

호세 세르히오 로메로 소령, 고 호세 구스타보 파스카가사 레온 일등상사, 고 루이스 카를로스 가르시아 아르실라, 고 호르헤 산체스 타피아 병장 등 4명은 함께 온 콜롬비아 육·해군 5,100여 명과 목숨을 걸고 전투에 임했다. 그 중 214명이 전사하거나 실종되고 610명이 부상당한 것으로 집계되었다.

살아생전 한국 땅에 묻히기를 소망했던 이들을 대신해 유가족이 고인들의 숭고한 뜻을 한국 정부에 전달, 그 소망이 현실로 이뤄졌다. 이 네 명의 참전 용사는 영국과 튀르키예, 네덜란드, 프랑스, 미국 등 세계 여러 국가 군인들의 시신이 누워 있는 묘지에 안장되었다.

아르실라의 유족은 언론과의 인터뷰에서 이렇게 말했다. "고인은 생전에 '한국과 좋은 관계를 유지하는 것이 중요하다. 이 소중한 유산을 이어가기 위해서라도 내가 대한민국에 안장되어야 한다'라고 입버릇처럼 말했어요."

레온의 딸 모니카 파스카가사 오르티스는 자신의 아버지는 한국을 사랑했다고 하면서 "6·25전쟁에 참전한 것을 항상 자랑스러워해서 아버지 유해를 대한민국에 안장하기로 결정했어요"라고 말했다. 그러고 나서 "우리는 콜롬비아 국민으로서 전쟁과 분쟁의 끔찍함을 경험했고, 자유와 평화의 가치를 잘 알고 있어요"라고 덧붙였다.

우리가 기억해야 할 사람들은 또 있다. 로메로는 1951년 10월 강원도 철원 일대 '노매드Nomad(하소리-죽동-금성천)선' 공격의 선봉에 섰다. 타피아는 북한군의 침략으로 위기에 처한 대한민국, 전쟁의 참화를 겪고 있는 아이들에 대한 책임감으로 참전했다. 콜롬비아 참전 용사들은 1952년부터 정전 때까지 경기-강원도 일대 주요 전투에서 북한군과 중공군에 맞서 싸웠다.

콜롬비아 참전 용사의 유해 봉환식은 2023년 11월 8일 오후 6시 인천국제공항 제2터미널 입국장에서 열렸는데, '여기서부터 대한민국이 모시겠습니다'라는 주제로 거행되었다. 11월 11일 이들의 유해는 국립서울현충원을 거쳐 부산 유엔기념공원에 안장되었다. 6·25전쟁에서 생존해 고국으로 돌아갔다가 숨진 뒤 고인의 유언 등에 따라 다시 부산 유엔기념공원에 사후 안장된 첫 사례는 2015년 5월 프랑스 참전 용사 레몽 베르나르였다.

부산 유엔기념공원은 세계에서 유일한 유엔 묘지다. 1951년 조성된 이곳에는 40여 명의 미군을 포함해 11개국 2,320구의 유해가 안장되어 있다. 전 세계 22개국이 대한민국을 위해 군대를 파병했고, 그중 상당수가 장렬하게 싸우다가 목숨을 잃었다. 민주주의를 지키려고 목숨을 바친 것이다.

봉환 행사를 주관한 박민식 국가보훈부 장관은 기념 연설에서 "대한민국 정부와 국민은 모든 콜롬비아 참전 용사의 인류애와 숭고한 희생을 마음

콜롬비아 참전 용사의 유해 송환 모습

속 깊이 영원히 기억할 것이다. …… 우리는 한국전쟁의 희생과 피와 땀의 역사를 후대에 알리고 전승하기 위해 모든 노력을 기울일 것이다"라고 말했다. 박 장관은 "인생에서 가장 빛나는 시기에 대한민국의 자유와 민주주의 수호를 위해 목숨을 바친 유엔 참전 용사들의 헌신 덕분에 우리는 지난 70년 동안 공산 세력으로부터 대한민국을 지키고 눈부신 발전을 이룰 수 있었다"라고 강조했다. 알레한드로 펠라에스 로드리게스 주한 콜롬비아 대

콜롬비아 국방부 내에 있는 한국전쟁 참전기념비

사도 콜롬비아 참전 용사들의 활약상을 강조하면서 "70년 전 그들이 싸웠던 이 아름다운 땅에서 동료 용사들과 함께 편히 쉬길 바란다"라고 말했다.

콜롬비아의 수도 보고타에 위치한 국방부 내 군사종합전투학교 교정에는 1973년 5월 19일 건립한 한국전쟁 참전기념비가 우뚝 서 있다. 한국전쟁 참전을 결정하는 국가적 결단을 내릴 때 콜롬비아도 내부적으로 어려운 시기를 보내고 있었다. 그럼에도 위기에 처한 아시아의 작은 나라에 젊은 군인들을 보내 풍전등화에 처한 한국의 민주주의를 사수하는 데 한몫했다. '숭고하고 거룩한 결단'이 아닐 수 없다.

원조받는 나라에서 원조하는 국가로 성장한 우리나라는 은혜를 잊지 않았다. 국기國技 태권도 전수도 그중 하나였다. 『국방일보』의 보도에 따르면, 2023년 10월까지 콜롬비아 육사에 우리나라 육군 장교들이 상주하면서 수년간 태권도 교육 업무를 수행했다. 이진영 육군 소령과 박주희 육군 대위가 군사외교 활동을 전개한 주인공이다.

이 프로젝트는 2010년 한국을 방문한 콜롬비아 육군사령관이 우리 군의 태권도 시범을 보고 감명받아 육군 본부에 교관 파견을 건의해 시작되었다. 이에 우리 정부는 6·25전쟁 당시 자유와 평화를 위해 참전한 콜롬비아에 보은과 협력 차원에서 태권도 전문 교관 파견을 결정했다. 2011년 한국 육군본부와 콜롬비아 육군사령부 간 업무협약MOU을 맺었고, 그해 9월 태권도 교관 1진이 파견되어 태권도를 전수했다.

콜롬비아 육사는 기존에 하던 일본 가라테 교육을 폐지하고 태권도 교육을 신설했는데, 태권도 수련을 받은 콜롬비아 장교들이 이를 전파하면서 태권도 정신이 널리 퍼져 나갔다.

6·25전쟁 참전을 자랑스러워하던 콜롬비아 국민에게 태권도는 새로운 우호의 상징이 되었다. 이 소령은 "2022년 보고타 국제도서전에서 태권도 시범을 했는데 행사가 끝나고 2시간 가까이 관중과 사진을 찍는 등 인기를 실감했다"라고 전했다. 대학에서 태권도를 전공한 이 소령은 임관 이후 쭉 태권도 교관으로 활동했고, 박 대위는 국방어학원 한국어학처에서 250여 명의 외국군 수탁 장교에게 한국어와 태권도를 지도한 베테랑이다.

2021년 10월 보고타와 페레이라에서 열린 '6·25 참전 군인의 날' 행사에서 두 사람에게 태권도를 배운 콜롬비아 육사 생도들이 태권무와 격파 시범을 선보였다. 콜롬비아 국가 행사에서 태권도 시범이 등장한 것은 그때가 처음이었는데, 당시 이반 두케 대통령에게 직접 격려까지 받았다고 한다. 2022년 6월 이들은 태권도를 통한 전투력 향상과 한·콜롬비아 우호 증진에 기여한 공로로 콜롬비아 육군사령관·콜롬비아 육군사관학교장 훈장을 동시에 받았다. MOU에 따라 두 사람은 마지막 교관 임무를 마치고 귀국했다.

콜롬비아 볼리바르 주 카리브해 연안의 카르타헤나 항구에 가면 거북선 모형의 참전기념비를 볼 수 있다. 아름다운 카르타헤나를 둘러보다 거북선이 있어 깜짝 놀랐는데, 국가보훈처가 건국 60주년을 맞아 2008년 11월 1일 중남미 유일의 한국전 참전국인 콜롬비아에 제공한 것이다. 이곳에 있는 거북선 모형은 실물과 유사한 형태로 제작되어 길이 4m, 높이 2.5m에 달한다.

　1950년 11월 1일 한국전쟁에 참전하는 콜롬비아 군인을 태운 구축함 파딜랴Padilla호가 처음으로 출항한 곳이 카르타헤나 항구였다. 이를 기리기 위해 한국전쟁 참전 용사들은 매년 이곳에서 기념식을 거행하고 있다.

COLOMBIA

chapter 1

남미의 숨은 보석,
콜롬비아

콜럼버스와
황금의 제국 엘도라도

국가명 콜롬비아^{Colombia}는 크리스토퍼 콜럼버스^{Christopher Columbus}가 없었다면 지구상에 존재하지 않았을지도 모른다. 이탈리아 제노바 출신의 탐험가이자 항해가 콜럼버스의 원래 이름은 크리스토포로 콜롬보^{Cristoforo Colombo}(1450~1506년)였다. 신대륙 아메리카로 가는 항로를 처음 발견해 인류 역사 발전에 기여한 그의 이름을 딴 나라가 바로 남미의 콜롬비아다.

보석을 발견한 크리스토퍼 콜럼버스

선장이었던 장인의 영향으로 해도 제작을 했던 콜럼버스는 포르투갈 국왕에게 서쪽 항로 개척 후원을 요청하지만 거절당했다. 하지만 그는 좌절하지 않고 포르투갈 대신 스페인에 후원을 요청한다. 이사벨 여왕은 이를 받아들였고 콜럼버스를 중용해 대항해시대의 막을 열었다.

콜럼버스는 산타마리아호, 핀타호, 니냐호 등 카라벨선^{caravel}(중세 후기 지중해를 오가던 삼각 모양의 돛을 단 범선) 세 척에 120명의 선원을 태우고 스페인의

———
신대륙 아메리카로 가는 항로를 최초 발견한 콜럼버스

파로스항을 출발했다. 이는 유럽 대륙에서 서쪽으로 항해를 시도한 최초 선
단이었다.

　콜럼버스는 4차에 걸친 아메리카 대륙 탐험에서 돌아온 후 56세에 숨을
거뒀는데, 그때까지도 자신이 탐험한 곳을 아시아(인도)라고 믿었다. 하지만
그는 자신이 탐험한 대륙이 인도라는 증거를 발견하지 못한 채 세상을 떠났

대항해시대의 막을 연 산타마리아호

다. 알다시피 그곳은 아시아가 아니라 신대륙이었기 때문이다.

안타깝게도 콜럼버스는 자신이 발견한 신대륙에 이름을 남기지 못했다. 독일의 지도 제작자가 1507년 신대륙을 아메리카로 표기한 지도를 발간했는데, 콜럼버스보다 늦은 1499년 신대륙 항해에 나선 이탈리아 피렌체 출신 아메리고 베스푸치Amerigo Vespucci의 여행 기록에 근거해 지도를 제작한 뒤 그를 기려 아메리카라고 명명했기 때문이다.

한때 신대륙을 발견한 영웅으로 칭송받던 콜럼버스지만, 후일 원주민에게 잔혹한 고문과 학살을 자행한 사실이 드러나면서 그에 대한 역사적 평가는 극명하게 엇갈리고 있다.

유명한 일화 '콜럼버스의 달걀'은 "발상의 전환이 역사를 바꾼다"라는 점을 강조할 때 종종 인용된다. 콜럼버스의 달걀이 탄생한 배경은 다음과 같다. 신대륙 탐험을 마치고 귀국한 콜럼버스를 위한 축하 파티에서 몇몇 사람이 그의 업적이 별것 아니라고 폄하했다. 이 말을 들은 콜럼버스는 탁자 위에 달걀 하나를 놓더니 그들에게 세워 보라고 했다. 아무도 세우지 못하자 그는 달걀을 살짝 깨뜨린 뒤 세웠다. 사람들이 그걸 누가 못하느냐고 수군거리자 콜럼버스는 남을 따라 하는 것은 쉽지만 처음 하는 일은 결코 쉽지 않다고 반박했다. 1565년 이탈리아 역사학자 지롤라모 벤조니^{Girolamo Benzoni}가 쓴 『신세계의 역사^{History of the New World}』에 이 일화가 소개된 것으로 알려져 있는데, 그 이전에 콜럼버스가 아닌 다른 사람의 일화로 소개된 적이 있다는 등 항설이 분분하다.

엘도라도의 전설

"도대체 황금이 어디에 있다는 것이냐?"

스페인 사람들이 콜롬비아 보고타에 입성했을 때 가장 먼저 내놓은 물음이었다. 그러자 원주민들은 "멀리 있다"라고 대답했다. 그들은 이구동성으로 "황금이 넘쳐나는 황금의 도시 황금향^鄕이 진짜 있다. 황금 옷을 입은 사람이 돌아다니는 그곳이 엘도라도(스페인어로 황금향)다"라고 확신에 찬 어조로 말했다.

얼마 지나지 않아 스페인 사람들의 입에서 입을 타고 괴이한 소문 하나가 떠돌았다. 온몸에 황금을 바른 사나이가 보고타 근처에 있는 과타비타 호수에서 몸을 던지는 의식을 하고 있다는 것이었다. 엘도라도는 원래 'El Hombre Dorado(황금의 남자)' 또는 'El Rey Dorado(황금의 왕)'라는 의미로 16세기 스페인 사람들이 무이스카족의 전설적 족장인 지파^{zipa}를 지칭할 때 쓰던 단어였다. 원주민 무이스카족은 새 족장이 선출되면 황금 가루를 몸에 바르

황금향, 엘도라도에 대한 상상화

고 즉위식을 거행했는데, 마지막에는 항상 뗏목에 금은보화를 잔뜩 싣고 호수에 나가 던지는 것으로 마무리했다. 과타비타 여신에게 제물을 바치는 것이다. 사실이야 어찌 되었든 간에 과타비타 호수는 그렇게 엘도라도 전설의 근원이 되었고, 황금을 찾기 위해 유럽 전역에서 몰려든 사람들로 인해 몸살을 앓기 시작했다.

대항해시대, 스페인 정복자들을 비롯해 유럽의 여러 나라가 엘도라도를 찾아 나섰다. 콜롬비아, 베네수엘라, 브라질 북부 등에서 엘도라도와 '황금 남자 찾기' 열풍이 불었다. 1500년대 후반 영국의 월터 롤리^{Walter Raleigh} 경도 그런 사람들 가운데 한 명이었는데, 그의 탐험 덕분에 아마존강을 포함한 남아메리카 북부 지도가 만들어졌다.

여러 나라가 나섰음에도 불구하고 그 누구도 엘도라도를 찾지 못했다. 이에 사람들 사이에서는 엘도라도 자체가 거짓말이 아니냐는 이야기가 떠돌았다. 하지만 15세기 스페인의 프란시스코 피사로^{Francisco Pizarro}가 잉카제국을 정복했을 때 어마어마한 양의 금은을 찾아냈고, 대항해시대가 끝난 뒤 북아메리카에서 금광이 발견되기도 했다. 이후 "엘도라도가 존재했지만 대항해시대에 발견하지 못했을 뿐이다"라는 주장이 설득력을 얻기도 했다.

1969년 보고타의 파스카 지역에서 한 농부가 집 나간 개를 찾아 헤매다가 험준한 바위 밑에서 작은 동굴을 발견했다. 그리고 그곳에서 뗏목 모양의 황금 유물을 발굴했다. 이 유물은 길이 19.5cm, 너비 10.1cm, 높이 10.2cm의 뗏목으로 80% 이상 금으로 만든 것이었다. 무이스카 문화 후기인 1200~1500년에 제작된 것으로 추정되며, 무이스카족 족장의 즉위식에 사용된 것으로 추측된다.

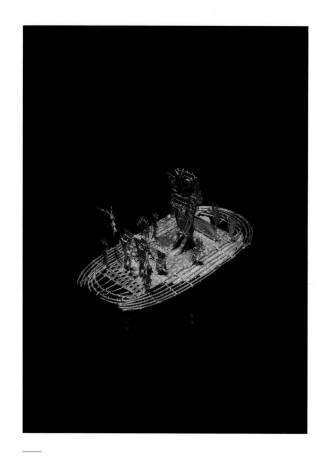

보고타 황금박물관에 전시된 '엘도라도 뗏목'

17세기 콜롬비아의 금 생산량은 전 세계 금 생산의 39%를 차지했다. 이 금을 토대로 스페인은 부를 축적했고, 전쟁 자금을 댔다. 이는 보고타국제공항을 엘도라도공항으로 이름을 붙인 이유가 되기도 했다. 지금도 콜롬비아는 연간 50~60톤의 금을 생산하고 있는데, 안데스 산지의 금광맥이 침식되어 강으로 유입되는 과정에서 강바닥에 사금이 많이 묻히게 되었다고 주장하는 사람도 있다.

엘도라도를 찾기 위해 유럽인들이 몰려드는 와중에 콜롬비아는 스페인의 식민 지배를 받았는데, 어쩌면 엘도라도의 전설이 콜롬비아의 운명을 바꿔 놓았을지도 모른다. 엘도라도가 신기루인지 아니면 사실인지, 이것이 콜롬비아에 불운을 가져왔든 행운을 가져왔든 간에 그 전설 자체는 여전히 사람들의 상상 속에서 황금빛으로 빛나고 있다.

콜롬비아의
어제와 오늘

공식 국가명은 콜롬비아공화국^{Republic of Colombia}이다. 수도는 해발 2,600m 안데스산맥 동부에 자리 잡은 보고타^{Bogotá}이고, 2024년 현재 콜롬비아 인구는 5,234만여 명이다. 브라질, 멕시코에 이어 중남미 3대 대국으로 국토 면적은 114만 1748km²인데, 이는 미국 캘리포니아와 텍사스 면적을 합친 것과 비슷하다. 북서쪽으로 파나마, 동쪽으로 베네수엘라·브라질, 남쪽으로 에콰도르·페루와 국경을 접하고 있으며 서쪽으로 태평양, 북쪽으로 카리브해와 닿아 있다. 행정 구역은 32개 주^{departamento}와 1개 수도 지구^{distrito capital}로 분할되어 있으며, 지방자치가 발달해 있다.

눈 덮인 험준한 안데스산맥과 광활한 평원 로스 야노스^{Los Llanos}부터 아마존 유역의 울창한 열대우림과 커피 나무가 가득 들어찬 푸른 계곡까지 콜롬비아는 놀라우리만치 아름다운 물리적 지형과 다양한 모습을 지녔다. 국토에서 3분의 1은 안데스 산지, 3분의 1은 동부평원지대, 3분의 1은 아마존과 태평양 연안 정글 지대다. 북위 4~12도대에 걸쳐 있는 콜롬비아는 위도상으로 보면 북반구의 열대 지방이지만 고도가 4,000~5,000m인 안데스 산지의 영향으로 다양한 기후를 자랑한다. 서식지의 특성에 따라 크게 5가지 지역으로 나뉘는데 습한 열대림, 건조한 열대림, 열대 초원, 산악 초원, 사막과 관목지대가 바로 그것이다.

전국을 가로지르며 남북으로 뻗어 있는 안데스는 히말라야 다음으로 높은 산맥이자 전 세계에서 가장 긴 산맥으로 남미 대륙의 척추에 해당한다. 해발 5,000m가 넘는 봉우리가 많으며, 바예델카우카와 바예델마그달레나 두 계곡은 세 개의 코르디예라산맥 사이에 끼어 있다. 가장 높은 봉우리는 시몬 볼리바르와 크리스토발 콜론(5,775m)으로, 이 둘은 높이가 거의 비슷해 쌍둥이 정상이라고 불린다.

서늘한 안데스산맥의 중간 고도에는 비교적 현대적 도시가 들어서 있다. 비교적이라고 표현한 이유는 여전히 커피와 옥수수를 경작하고 있는 메스티소 농부들이 있기 때문이다. 경제 기반은 농업이지만 산업과 3차 서비스의 중요성이 커지고 있으며, 국민 3분의 1 이상이 6대 대도시 지역에 살고 있다.

안데스산맥 동쪽 영토의 절반 이상은 광활한 저지대로 북쪽의 로스 야노

카리브해

푸에르토
볼리바로

라과히라

산타 마르타

바랑키야
리오아차

아틀란티코

카르타헤나
마그달레나

볼리바로

세사르

파나마

수크레

투르보
코로도바

노르테
데 산탄데르

쿠쿠타

베네수엘라

안티오키아

부카라망가

아라우카

산탄데르

아라우카

초코

메데인

푸에르토 카레뇨

칼다스

보야카

카사나레

리사랄다

쿤디나마르카

페레이라
보고타

요팔

비차다

킨디오

이바게

메타

미나리다

바예델카우카
칼리

톨리마

태평양

카우카

우일라

포파얀

과이니아

루마코

나리뇨

플로렌시아

과비아레

미후

파스토

바우페스

푸투마요

카케타

에콰도르

아마소나스

브라질

콜롬비아 지도

스와 남쪽의 아마존강 유역으로 나뉜다. 로스 야노스는 약 25만km²로 오리노코강 유역을 구성하는 거대한 초원이다. 약 40만km²에 달하는 아마존 지역은 콜롬비아의 남동쪽 전체를 아우른다. 지구의 허파라고 불리는 울창한 이 열대우림은 현재 불법 벌목으로 몸살을 앓고 있다.

콜롬비아는 1508년 시작된 스페인 식민 지배의 영향으로 남미국가들 가운데 스페인어를 사용하는 인구가 가장 많다. 살아남은 원주민은 외진 지역으로 이주해 고대의 전통을 계승하면서 조상 대대로 내려오는 전통적인 방식을 따르며 생활한다. 이런 영향으로 와유족처럼 자신들의 고유 언어(와유니키어)를 사용하는 경우도 많다. 1991년 콜롬비아 헌법은 이들 지역의 토착어를 공용어로 정했으며, 많은 원주민 부족이 스페인어와 자신들의 고유 언어를 함께 교육하고 있다.

1810년 약 300년간의 스페인 통치로부터 독립한 현재의 베네수엘라, 에콰도르, 파나마를 포함하는 그란콜롬비아공화국(1819~1831년)이 탄생했다.

콜롬비아 국호는 누에바그라나다 Nueva Granada 에서 1858년 그라나다연합으로 1863년 콜롬비아합중국에서 1886년 콜롬비아공화국으로 바뀌었다. 1903년 자유파와의 천일내전 Guerra de los Mil Dias 이후 파나마가 분리 독립했으

인구	5,234만여 명
공식 언어	스페인어
국목	왁스 야자
국조	안데스 콘도르
국화	난초
종교	로마가톨릭
통화	콜롬비아 페소(COP)
국가 코드	+57
국가 유산	전국 1,102개
세계 문화유산과 자연유산	8개
무형 문화유산	9개

콜롬비아의 사회적 지표

며, 카리브해 지역의 산안드레스섬과 프로비덴시아섬을 놓고 2000년대까지 니카라과와 영토 분쟁을 벌이기도 했다. 현재까지도 정치적 불안이 지속되고 있는데, 이는 부의 불평등한 분배와 무관하지 않다. 또한 마약(주로 코카인) 불법 거래는 콜롬비아 국민의 일상을 파괴하는 주요 요인 가운데 하나다.

2022년 8월 대통령으로 취임한 구스타보 페트로의 노력으로 콜롬비아 경제정책은 어느 정도 일관성을 갖게 되었다. 콜롬비아는 현재 창의적이며 기업가 정신이 강하고 국민이 부지런한 나라로 탈바꿈하는 중이다.

수백만 개의 목소리,
단 하나의 나라

   콜롬비아는 다양한 인종, 다양한 민족이 다양한 문화적 표현을 하며 살아가는 다인종·다문화 국가다. 이런 콜롬비아의 다양성은 과거 스페인과 포르투갈의 신대륙 개척과 식민 지배에 따라 인종 이주가 활발했던 데서 기인한다. 16세기 신항로 개척 이후 유럽인들은 대서양을 통해 식민지를 개척했고 아메리카 대륙에 정착했다. 이후 플랜테이션 농업이 발달하면서 대규모의 노동력이 필요해졌고 이는 흑인 노예 유입으로 연결되었다. 이런 이유로 중남미 원주민인 아메리카인디언과 스페인-포르투갈계 백인 간 혼혈 인종인 메스티소^{Mestizo}가 태어났다. 콜롬비아, 에콰도르, 칠레 등에서 메스티소의 비율은 전체 인구의 50%를 웃돈다.

   관습 역시 출신 지역에 따라 다르다. 아프로콜롬비아(1993년 제정된 흑인공동체법), 엠베라(열대우림 속 초리강 유역에 사는 부족) 등으로 정의되는 독특한 특성은 그들이 사용하는 언어와 유전자를 넘어 억양, 음식 심지어 옷차림까지 규정한다. 수천 개에 달하는 다양한 세계가 콜롬비아 안에 함께 어우러져 있는 셈이다.

콜롬비아의 악센트와 관용구도 지역마다 다르다. 우리나라에 경상도, 전라도, 충청도 사투리가 있는 것과 비슷하다. 이는 출신지가 어디인지 식별할 수 있음과 동시에 콜롬비아의 언어적 풍요로움을 드러낸다.

2018년 콜롬비아 국가통계청^{DANE}이 실시한 전국 인구 조사에 따르면 콜롬비아에는 102개의 원주민 커뮤니티가 있으며, 그 수는 200만 명(전체 인구의 5% 미만)에 달한다. 약 460만 명의 흑인과 아프로콜롬비아계(투레족), 라이잘계, 팔렌케로계(전체 인구의 10% 육박)가 있고 2,500명(전체 인구의 0.006%)은 로마니 또는 집시(펜트족)로 분류된다. 마르케스의 『백년의 고독』에서도 다양한 집시족이 등장하는데, 이 소설에서 선구자이자 예언자적 역할을 하는 멜키아데스 역시 집시다.

원주민들은 대개 주류에서 벗어나 살아간다. 원주민 공동체 보호구역은 콜롬비아 면적의 3분의 1을 차지하며, 이 토지는 원주민 공동체가 공동 소유한다. 법적 보호에도 불구하고 원주민 공동체는 게릴라, 준군사단체, 코카 농장의 완벽한 은신처 역할을 하는 경우가 많았다. 설상가상으로 미 공군이 코카 농장을 파괴하기 위해 농촌 지역에 살충제를 살포한 '플랜 콜롬비아' 계획은 원주민들이 오랫동안 재배해 온 농작물을 파괴하거나 손상시켰다.

다문화 국가, 공용어	스페인어
원주민 커뮤니티	102개
원주민 언어	65개
인구의 10%	아프리카-콜롬비언
아프리카-콜롬비아 크리올어	2개
롬 커뮤니티(집시 커뮤니티)	4,858개
로마자 언어	1개

콜롬비아를 구성하는 민족 분석

	사회적 활동	거주지	행정 구역	언어
와유족	옥수수, 방목, 모칠라(가방) 직조 등을 주요 경제 활동으로 하는 모계 부족 공동체	카리브해	라과히라 부서	와유나이키어
라이잘Raiza족	원주민으로 다수가 어부나 선원	인슐라	산안드레스와 프로비덴시아 부서	크리올어·스페인어·영어
아르후아코Arhuaco족	자연과 깊은 관계를 유지하고 담배와 코카잎을 재배하며 양털로 모칠라(가방) 제작	카리브해	마그달레나와 시저 부서	아르후아코어
아프리카-콜롬비언	사회적 리더십과 쿰비아, 바랑키야 카니발 등 문화 현상 촉진의 주체적 역할을 함	태평양과 카리브해	초코, 나리뇨, 카우카, 바예델카우카, 아틀란티코, 볼리바르, 마그달레나 부서	스페인어

콜롬비아를 대표하는 민족

엠베라	초코 원주민 커뮤니티
칸쿠아모	시에라 네바다 데 산타마르타 원주민 커뮤니티
코기	시에라 네바다 데 산타마르타 원주민 공동체
마쿠나	바우페의 원주민 공동체
미삭	카우카의 원주민 공동체
누칵	과비아레 원주민 공동체
티쿠나	아마존 지역의 원주민 커뮤니티
위토토	카케타와 푸투마요 원주민 공동체
위와	시에라 네바다 데 산타마르타의 원주민 커뮤니티
팔렌케로스	볼리바르의 흑인 커뮤니티
롬	전국에 존재하는 집시 커뮤니티

콜롬비아 원주민을 비롯한 다양한 종족 커뮤니티

6개로 나뉜 자연 지역

콜롬비아의 자연 지역은 크게 6개로 나뉜다. 카리브해와 태평양, 오리노코, 안데스, 아마존 외 그 밖의 도서 지역이다. 이들 지역은 서로 다른 특질과 관습, 음악, 요리법 등을 갖고 있다. 지역마다 개성 넘치는 콜롬비아 스타일이 뿌리내리고 있으며 고유문화가 존재한다. 예를 들어 리듬과 춤이 지역마다 다르다. 각 지역에 따라 고유한 전통과 재미, 모험, 풍요로움, 예술, 축제, 춤, 음악이 있어 방문자에게 개성 있는 다양한 경험을 제공한다.

각 지역은 해발 고도, 평균 강우량, 토양 상태 등 특성에 따라 구분된다.

타말 tamal		쌀 등의 곡물과 닭고기, 돼지고기를 재료로 만들어 질경이 잎에 싸서 제공하는 음식
칼도 데 코스티야 Caldo de Costilla		삶은 갈비와 얇게 썬 감자, 양파, 마늘, 고수잎을 재료로 만든 음식
아히아코 Ajiaco		닭가슴살, 세 가지 감자(사바나·파스토·크리올), 과스카스(수프에 향긋한 향을 더해 주는 허브)를 재료로 만든 음식
반데하 파이사 Bandeja Paisa		안데스 지역의 대표 요리로 소고기(다지거나 졸이거나 구운 것), 돼지 껍질, 달콤한 질경이 또는 파타콘 조각, 안티오키아산 초리조(소시지), 라임, 아레파(옥수수 빵), 호가오(토마토와 양파 스튜), 콩, 슬라이스 토마토, 아보카도 등으로 만든 음식
디저트		보카디요 벨레뇨(굳힌 구아바 젤리), 쿠루바 무스, 밀크 플랑(푸딩)을 곁들인 쿠아하다(부드러운 치즈와 사탕수수 혼합물)

안데스 지역을 대표하는 음식

안데스 지역은 산악지대가 많고, 오리노코 지역은 평원 지대다. 태평양과 아마존 지역은 장기간 많은 비가 내리지만 카리브해 지역은 건조하다. 이처럼 지역과 기후가 다양하다 보니 콜롬비아에서 획일성의 개념을 찾기란 어려운 일이다.

6개 지역 가운데 대표로 안데스 지역에 대해 알아보자. 안데스는 콜롬비아의 심장부에 자리 잡고 있으며 수많은 협곡과 고원, 황야, 눈 덮인 봉우리, 카우카강과 마그달레나강 등으로 자연에 생명을 불어넣어 준다. 아름다운 풍광을 자랑하는 커피 문화경관 지역, 전통적인 마을로 구성된 보야카, 현대화된 수도 보고타, 콜롬비아에서 가장 아름다운 마을로 꼽히는 바리차라(산탄데르 주)를 품고 있다. 생물다양성을 비롯해 기후와 토양, 지형, 문화도 다양하다.

세계에서 두 번째로
생물다양성이 높은 나라

콜롬비아는 열대 지방에 속해 사계절은 없지만 온대, 온난대, 한대, 황무지, 빙하가 공존하는 곳으로 해발 고도에 따라 기온이 달라진다. 6개 자연 지역(32개 주가 관리), 311개의 생태계, 36개의 황무지, 8개 정글, 6개 만년설 봉우리, 3개 사막과 3개 산맥의 영향으로 높은 산악지대에서 나타나는 추위부터 열대 해변의 더위까지 다양한 기후를 즐길 수 있다.

콜롬비아의 다양한 기후와 지리적 조건은 풍부한 생태계를 만들어냈고, 야생동물들이 독립적으로 진화할 수 있게 했다. 이를 증명하듯 콜롬비아는 세계 어느 나라보다 1km^{2}당 동식물 종이 많다. 콜롬비아의 면적은 브라질보다 7배 작지만 동식물의 다양성은 브라질 다음으로 전 세계에서 두 번째로 많다.

분홍색 돌고래부터 화려한 앵무새, 작은 고양이, 거대한 쥐에 이르기까지 콜롬비아에는 특이한 동물이 많이 살고 있다. 조류는 1,700종에 이르는데, 이 중에서 74종이 콜롬비아에 서식하는 토종 조류로 지구상에 존재하

콜롬비아의 열대 사막기후

는 모든 조류의 19%를 차지한다. 또한 450종의 포유류(전 세계 영장류의 15% 포함)가 있는데 대표적으로 재규어, 오셀롯, 울부짖는 붉은원숭이, 거미원숭이, 발가락이 세 개인 나무늘보, 거대 개미핥기, 돼지처럼 생긴 페카리와 테이퍼, 카피바라 등을 들 수 있다. 그 외에 600종의 양서류, 500종의 파충류, 3,200종의 어류가 서식한다.

콜롬비아는 태평양과 카리브해에 면한 해안선을 가진 유일한 남미국가다. 콜롬비아의 아마존 해역에서는 유명한 장미색 보토(아마존강 돌고래), 아마존 해우, 몸길이가 6m까지 자라는 아나콘다(유넥테스 무리누스)를 볼 수 있다.

콜롬비아 국조 안데스 콘도르는 세계에서 가장 큰 맹금류로 최대 날개 폭 3.2m, 체중은 15kg에 이른다. 그 외에도 세계 7대 독수리 가운데 6종이 서식하고 있으며 132종의 벌새, 24종의 큰부리갈매기, 57종의 화려한 앵무새와 마코앵무, 물총새, 트로곤, 워블러 등도 존재한다.

프로비덴시아섬은 아메리카 대륙에서 가장 크고 생산적인 산호초를 자랑하는데, 현재 이곳은 유네스코 지정 해양생물권보호구역으로 지정되어 있다. 산호초는 카리브해에서 가장 온전함을 갖췄다고 평가받으며 바다 건강에 중요한 생태적 역할을 한다. 산호초는 멸종 위기에 처한 바다거북 4종과

'바다의 열대우림'으로 불리는 콜롬비아 연안의 맹그로브 숲

콜롬비아의 열대 사바나

수많은 어류와 바닷가재에게 먹이와 둥지를 제공한다.

프로비덴시아섬에는 육지에서 서식하는 독특한 게인 프로비덴시아 블랙 크랩이 서식하고 있다. 4월 한 주간 육지에 서식하는 프로비덴시아 블랙 크랩은 산속 서식지에서 바다로 내려와 암컷이 알을 낳고 수컷이 수정한 후 돌아온다. 이 기간에는 카리브해의 작은 섬을 가로지르는 유일한 도로가 폐쇄되고, 주민들은 걸어서만 섬을 돌아다닐 수 있다. 그리고 7월이 되면 작은 새끼 게들이 부화하여 대이동을 시작한다. 이 두 번째 이동 기간 섬은 작은 게 수백만 마리가 산비탈을 따라 올라갈 때 내는 바스락 소리로 뒤덮인다. 운 좋게 이 시기에 섬을 방문하게 된다면 다소 히치콕스럽긴 하지만 잊을 수 없는 경험을 하게 될 것이다.

멸종 위기종

콜롬비아에는 59개의 국립공원과 동식물 보호구역 그리고 기타 자연보호 구역이 있다. 이는 모두 콜롬비아 국립공원관리청PNN의 관리를 받는다. 안타깝지만 국립공원으로 지정되었다고 해서 게릴라 활동, 마약 재배, 불법 목장 운영, 벌목, 채굴, 밀렵이 중단되는 것은 아니다. 환경 문제, 기후 변화, 서식지 손실, 대규모 농작물 재배로 인한 생물다양성 손실 등 콜롬비아는 여전히 많은 과제를 안고 있다.

콜롬비아 국조, 안데스 콘도르

　로스 야노스의 광활한 사바나 초원에는 멸종 위기에 직면한 종들이 서식하고 있다. 그중에는 길이가 7m에 달하는 오리노코악어도 있다. 야생동물 보호협회에 따르면 오리노코악어는 현재 콜롬비아 야생에 200여 마리 남아 있는데, 인간이 선호하는 가죽이라는 이유로 세계에서 가장 심각한 멸종위기종이 되었다. 다행히 2015~2016년 40마리가 넘는 어린 오리노코악어가 로스 야노스의 보존 노력을 격려하는 프로엑토 비다 실베스트레 프로그램의 일환으로 투파로국립공원에 방류되었다.

　이 지역의 다른 멸종 위기 생물로는 오리노코거북이, 대왕 아르마딜로, 대왕 수달, 검은밤독수리 등이 있다. 몸무게가 500g에 불과한 작은 원숭이 코튼탑타마린과 그보다 큰 사촌격인 갈색거미원숭이, 핸들리닐씐주머니쥐, 마운틴 그래클, 마운틴 테이퍼 등도 국제자연보전연맹[IUCN] 목록에 등재된 멸종위기종이다.

　아마존강에 서식하는 핑크강돌고래와 매너티도 멸종 위기에 처해 있으나, 일부 레스토랑에서는 여전히 거북이 알과 이구아나 등 기타 멸종 위기에 처한 종을 음식 재료로 쓰기도 한다. 레티시아 주변 아마존 유역에서 인기 많은 물고기 피라루쿠는 산란기 포획이 금지되어 있음에도 불구하고 이를 무시하는 현지인이 많다고 해 안타깝다.

조류와 난초 종 수	세계 1위
식물, 양서류, 나비와 민물고기 종 수	세계 2위
야자수와 파충류 종 수	세계 3위
포유류 종 수	세계 4위

콜롬비아의 생물다양성을 보여주는 지표

불법 마약 거래가 환경에 미치는 영향도 무시할 수 없다. 콜롬비아는 마약을 퇴치하기 위해 코카 재배지에 공중농약살포기를 이용한 훈증 소독을 실시한다. 문제는 이 위험한 제초제가 코카에만 영향을 미치는 게 아니라는 데 있다. 주변 초목은 물론 강 유역에도 스며들어 다른 동식물까지 위협한다. 코카 생산자들이 정부 규제를 피하기 위해 안데스산맥의 외딴 원시림으로 이동하는 등 아마존 유역으로 파고드는 것도 문제다.

생물다양성이 콜롬비아에 내려진 신의 선물이라면 생물다양성을 보존하기 위한 노력은 그 혜택을 누리는 콜롬비아인이 지켜야 할 최소한의 의무가 아닐까 싶다. 이는 콜롬비아 국민뿐 아니라 전 세계인의 의무일 것이다.

전쟁과 유혈 분쟁,
내전의 역사

콜롬비아의 역사는 전쟁과 유혈 분쟁의 역사다. 독립을 위해 스페인과 식민지 전쟁을 벌였고, 콜롬비아무장혁명군^{FARC} 게릴라와 준군사조직 간 반세기에 걸친 전쟁이 있었으며, 1980년대와 1990년대 나르코스의 혼란 등 유혈 분쟁의 슬픈 역사가 영토 곳곳에 새겨져 있다.

1960년대부터 시작된 내전은 50여 년간 이어졌는데, 내전의 원인은 다름 아닌 잘못된 정치였다. 기득권 정치 세력이 보수당과 민주당 양당만 존재하도록 법으로 정한 뒤 다른 의견은 무시했기 때문이다. 정치권으로 진출이 불가능한 농민들이 탄생시킨 좌파는 게릴라 단체, 우파 세력은 민병대를 구성해 서로 죽고 죽이기 시작했다. 이로 인해 22만 명이 목숨을 잃었고, 400만 명 넘는 사람이 집과 고향을 떠나야만 했다.

1991년 이념과 상관없이 정당을 설립하도록 헌법을 개정하면서 혼란이 수습되기 시작했다. 그후 좌익 게릴라는 존재의 의미를 상실해 밀림 속으로 쫓겨 들어갔고, 우익 민병대는 무장 해제 후 제도권으로 들어왔다. 덕분에 콜롬비아 국민도 오랜 이념 전쟁의 탈출구를 찾았다.

아이러니하게도 좌파 게릴라와의 전투는 국민을 결속시켰고, 정부가 사회기반시설에 적극 투자하도록 만드는 계기가 되었다. 콜롬비아는 지난해 국내총생산GDP의 8%(민자 유치 포함)를 사회기반시설을 짓는 데 쏟아부었다. 지금도 안데스산맥을 가로지르는 고속도로와 터널이 곳곳에서 건설되고 있다. 콜롬비아는 경제정책의 일관성을 유지한 덕분에 1931년 이후 단 한 차례(1999년)를 제외하고 마이너스 성장을 한 적이 없다.

최근 콜롬비아의 치안은 극적인 변화를 겪고 있다. 무장 반군이 장악한 몇몇 지역을 제외한 나머지 지역은 여행이 가능해졌는데, 이 아름다운 나라를 자유롭게 방문할 수 있는 것은 큰 행운이다.

콜럼버스 이전의 콜롬비아

콜롬비아에서 가장 오래된 문명은 산 아구스틴San Agustín 지역에서 태동했을 것으로 추정되며, 12세기 무렵 북부 타이로나Tairona 문명과 산타페데보고타 주변의 치브차Chibcha 문명을 비롯해 여러 지방 문명이 발전했다. 1536년 스페인 사람이 처음으로 콜롬비아에 발을 들여놓았을 때 치브차족 120만 명이 살고 있었다. 1536~1538년 치브차족을 정복한 스페인은 현재의 산타페데보고타에 산타페 요새를 구축했고, 그후 스페인의 식민 통치가 시작되었다.

스페인의 식민지 정복

콜롬비아 해안은 스페인 사람들에게 탐험의 대상이었다. 해안선을 따라 여러 식민지가 세워졌지만 존속 기간이 짧았다. 1525년에야 이르러 로드리고 데 바스티다스^{Rodrigo de Bastidas}가 남미 본토에서 살아남은 유럽인들의 정착지인 산타 마르타에 첫 돌을 놓았다. 1533년 페드로 데 헤레디아^{Pedro de Heredia}는 전략적 입지가 뛰어난 항구도시 카르타헤나를 건설해 콜롬비아 해안의 주요 무역 중심지로 빠르게 성장시켰다.

1536년 산타 마르타 출신의 곤살로 히메네스 데 케사다^{Gonzalo Jiménez de Quesada}, 에콰도르 출신인 세바스티안 데 벨랄카사르^{Sebastián de Belalcázar}, 베네수엘라 출신의 니콜라우스 페더만^{Nicolaus Federmann}의 지휘 아래 내륙을 향한 진격이 시작되었다. 세 사람은 1539년 무이스카 영토에서 만나기 전까지 대부분의 식민지를 정복하고 여러 도시를 건설했다. 프란시스코 피사로의 잉카 정복군에서 탈영한 벨랄카사르는 콜롬비아 남부를 장악하여 포파얀과 칼리를 세웠다. 페더만은 로스 야노스와 안데스산맥을 넘어 보고타에 도착했다. 이 세 그룹은 1550년 스페인의 카를로스 5세가 보고타에 사법부를 설치하고 식민지를 페루 총독부의 통제 아래 둘 때까지 패권을 놓고 다퉜다.

식민지시대

1564년 군사력과 자치권을 가진 그라나다 신왕국이 들어섰는데, 스페인 국왕이 임명한 총독이 이곳을 관리했다. 원주민과 스페인 침략자들로 구성된 식민지 인구는 아프리카 노예들이 도착하면서 다양해졌다. 식민지 경제가 발전하기 시작한 17세기부터 18세기 말까지 스페인은 수많은 아프리카인을 데려와 노동력으로 썼는데, 이 수는 원주민을 넘어설 정도였다. 이런 영향으로 크리오요^{criollo}(과거 아메리카 식민지에서 태어난 유럽인의 자손을 부르는 말이었으나, 오늘날에는 보통 유럽계와 현지인 사이에서 태어난 백계 혼혈을 부르는 말로 쓰임)도 증가했다.

총독부는 금에 의존했으며, 도착한 첫날부터 황금에 대한 이야기는 정복자들의 마음을 압도했다. 이는 금과 에메랄드 산으로 둘러싸인 신비한 정글 왕국 엘도라도의 신화를 탄생시켰다. 해발 3,000m를 올라가야 나타나는 전설의 호수 라구나 데 구아타비타^{Laguna de Guatape}는 과거 스페인 침략자들이 호수의 벽을 허물고 물을 빼낸 후 그 안에 있는 금을 가져갔다는 전설이 있다. 이 이야기는 사람들에게 황금을 찾아나서도록 만들었지만, 결과적으로 발견된 것은 없다. 1978년 존 헤밍의 작품 『아마존』에는 당시 정복과 찬탈의 역사가 고스란히 담겨 있다.

'라구나 데 구아타비타'는 무이스카어로 톰사라고 불리는데 '세상의 배꼽'이라는 의미다. 이곳은 과거 무이스카족이 신에게 재물을 바치고 추장에게 봉납하는 장소로 사용되었다. 약탈자들의 욕망과 달리 무이스카에게 황금은 영혼과 육체를 연결해 주는 매개체일 뿐 부를 의미하지 않았다. 구아타비타 호수는 여전히 특유의 아름다움을 자랑하고 있으며, 특정 기념일이 되면 콜롬비아 전역에 흩어져 사는 원주민들이 이곳을 방문한다.

독립과 내전

식민지에 대한 스페인 본국의 지배는 가혹했다. 19세기 초 민족해방운동이 라틴아메리카 전역을 뒤덮었고 해방자, 즉 '엘 리베르타도르El Libertador'로 불렸던 시몬 볼리바르Simón Bolívar는 독립 투쟁의 영웅으로 떠올랐다. 안데스 산맥을 넘어 콜롬비아로 진군한 그는 1819년 8월 7일 산타페데보고타 근교에서 결정적 승리를 이끌었다. 이 전투 직후에는 앙고스투라(현 베네수엘라의 시우다드 볼리바르)에서 혁명대회가 열렸다. 그리고 베네수엘라, 콜롬비아, 에콰도르 3국 등을 통합한 그란콜롬비아공화국이 탄생했고, 중앙주의와 연방주의라는 상반된 정치 세력이 등장했다.

볼리바르가 세상을 떠나면서 1830년 그란콜롬비아공화국은 해체됐고, 혼돈의 시대가 찾아왔다. 1849년 중도주의 성향의 보수당과 연방주의 성향의

전설의 호수 라구나 데 구아타비타

자유당이 각각 설립되면서 분열이 공식화되었다. 두 세력의 충돌로 8번 이상의 내전을 치러야 했다. 또한 1863~1885년에는 50건이 넘는 반정부 반란이 일어났다.

전쟁으로 권력을 잡은 대지주 계급과 19세기 말부터 밀려들기 시작한 외국 자본이 결탁하면서 콜롬비아 사회와 경제는 뒤틀어졌다. 이와 관련된 상징적 사건으로 1903년의 파나마 독립 추진을 들 수 있다. 이곳에 운하를 건설하면 막대한 이익을 얻을 수 있다고 생각한 미국은 콜롬비아 정부와 교섭을 시도하지만 원하는 결과를 얻지 못했다. 이때 콜롬비아의 내부 분쟁을 틈타 당시 파나마에서 분리주의운동을 부추겼고, 그 결과 파나마에 독립 공화국이 들어섰다. 1921년 콜롬비아는 결국 파나마의 주권을 인정한 뒤 소액의 배상금만 받고 미국과의 분쟁을 끝냈다.

2차 세계대전 이후 보수당과 자유당의 분쟁이 격화되면서 1948년 내전이 일어났다. 잠시 군사독재 체제가 수립되었다가 1957년 보수·자유 양당이 휴전하면서 4년마다 양당에서 정권을 교체하고 각료와 국회 의석 등은 절반씩 차지하기로 합의했다. 이 휴전은 1974년 선거에서 자유당이 크게 승리하면서 끝을 맺었다.

콜롬비아무장혁명군과 준군사조직의 탄생

보수당과 자유당 사이 당파적 긴장을 완화하는 데 국민전선이 도움을 주었지만, 라 비올렌시아La Violencia(콜롬비아에서 1940년대 후반부터 1960년대 초반까지 10여 년간 이어진 폭력 사태를 뜻하며, 보수당과 자유당 간 충돌로 혼란스러웠던 시대를 반영하는 단어)가 끝날 무렵 부유한 지주와 농촌의 메스티소, 하층민인 원주민 등의 갈등은 극에 달했다. 이들 가운데 3분의 2는 극심한 빈곤에 시달리고 있었는데 이런 와중에 토지개혁을 요구하는 좌파 단체가 등장했다. 콜롬비아는 순식간에 폭력, 협박, 납치의 수렁으로 빠져들었고 사회는 피폐해졌다.

보고타 남쪽 수마파즈에 새로운 공산주의 세력이 생겨나자 콜롬비아 정부는 1964년 5월 이 지역을 폭격했다. 그 결과 콜롬비아무장혁명군과 군사적 성향이 강한 하코보 아레나스Jacobo Arenas가 창설되었다. 이들은 국가를 전복하고 콜롬비아의 엘리트 계급으로부터 토지와 부를 탈취해 전 국민에게 재분배하겠다고 맹세했다.

또 다른 무장 게릴라 단체로 민족해방군ELN이 있었는데, 이 조직을 이끌던 카밀로 토레스 신부가 첫 전투에서 사망하면서 큰 주목을 받았다. M-19(1970년 대통령 선거에서 따온 4월 19일의 운동)는 시몬 볼리바르의 검을 강탈하고, 1985년 보고타의 사법부를 점령했다.

콜롬비아는 좌파 반군과 정부군, 반군에 맞선 우익 민병대가 충돌하면서 폭력의 악순환에 빠져들었다. 1980년대부터 남서부 안데스 지역에서 마약 재배가 확산되고 마약 조직이 무장 세력과 손을 잡으면서 혼란은 가중되었다. 1990년대 말에는 무장 게릴라가 전 국토의 40%를 장악했고, 수도 보고타에도 차량 폭탄 테러와 납치가 일상화되었다.

2002년 반군과 마약 조직 문제 해결을 공약으로 내걸고 집권한 우리베 정권은 좌파 반군인 FARC과 ELN에 대한 강력한 소탕 작전을 벌여 이들을 산악지대로 내쫓았다. 우리베 정권은 7년 전부터 미국 부시 행정부가 지원하는 '플랜 콜롬비아' 작전을 통해 이전 정권보다 훨씬 더 강력한 소탕 작전에 나섰다. 이후 비교적 온건한 ELN과의 평화 협상이 시작되었고, 사면과 사회 복귀 프로그램을 통해 반군과의 전쟁에서 인권 유린을 일삼았던 우파 민병대 대원 3만 명을 무장 해제시켰다.

독립 영웅,
시몬 볼리바르

　시몬 볼리바르는 라틴아메리카의 독립 영웅이자 콜롬비아 건국의 아버지다. 지난 1,000년간 세계사에 중요한 영향을 끼친 인물 100명 중 25위에 선정되었다. 마르케스의 소설에서 '해방자의 동상' '해방자의 거리'라는 이름으로 등장한다.

　스페인의 지배가 강화되면서 상업 독점과 새로운 세금에 대한 주민들의 불만이 증가했다. 1781년 식민 통치에 반대하는 최초의 공개적 반란, 즉 코무네로스혁명^{Revolución Comunera}이 일어났다. 그런데 세금 인상에 반대하던 이 반란은 점차 친독립적 성향을 띠기 시작했다.

　1808년 나폴레옹 보나파르트가 자신의 동생을 스페인 왕에 앉혔을 때 식민지 주민들은 새 군주를 인정하지 않았다. 그리고 콜롬비아의 도시는 하나둘 독립을 선언했다.

　시몬 볼리바르는 1812년 스페인 군대와의 전투에서 여섯 번 승리했지만 이듬해에는 패하고 말았다. 1815년 볼리바르는 자메이카로 후퇴했다가 다시 무기를 들었다. 보고타를 포함한 '누에바그라나다(새로운 콜롬비아)'에서는 군대 양성 등 혁명이 준비되고 있었다. 시몬 볼리바르에게는 병사 2,000명이 있었지만 병사 1만 명을 거느린 스페인 모리요^{Morillo} 장군과 왕당파 군대에 대항하기에는 역부족이었다.

1819년 5월 볼리바르는 군대를 이끌고 안데스산맥을 넘어 누에바그라나다로 진격했다. 이윽고 1819년 8월 7일 보고타 근처 보야카에서 결전을 치르고 눈부신 승리를 거뒀다. 보고타에 입성한 볼리바르는 임시정부 대통령에 추대됐고, 이때부터 '위대한 해방자'로 불리기 시작했다.

그란콜롬비아 구상

볼리바르는 스페인 식민지인 베네수엘라, 누에바그라나다(콜롬비아), 키토(에콰도르) 등을 하나의 연방으로 묶는 그란콜롬비아 구상을 실현하고자 했다. 1807년 짧은 기간 미국을 방문했는데, 남미가 미국처럼 합중국이 되어야 한다는 구상을 그때부터 한 것으로 알려져 있다. 남미의 어느 특정 지역, 개별 국가 단위의 독립이 아니라 남미 전체의 독립을 추구했던 것도 그란콜롬비아 때문이다.

1819년 12월 군사 지도자들과 의원들이 참석한 회의에서 볼리바르의 구상이 승인되었고, 그는 정식 대통령으로 선출되었다. 미국의 연방 정부를 모델로 삼은 그란콜롬비아공화국이 탄생한 것이다.

1823년 9월 리마에 입성한 볼리바르는 이듬해 12월 페루를 독립시키고 볼리비아 지역을 해방시켰다. 그러나 영광의 정점은 곧 내리막을 뜻하는 것이기도 했다. 1825년 보고타로 돌아온 볼리바르는 처참한 현실과 마주해야 했기 때문이다.

스페인으로부터 독립은 쟁취했지만 사람들은 지역, 계층, 신분에 따라 서로 상이한 이해관계를 보였다. 대표적으로 카우디요^{Caudillo}는 새로운 기득권층이 되어 지역마다 대립했고, 유럽 국가들은 강력한 통일국가가 들어서는 것을 견제했다. 카우디요는 출신에 관계없이 민중의 기대를 바탕으로 중앙 권력을 차지한 지방의 실력자를 뜻한다. 본래는 정치적 지도자나 군사적 지도자를 의미했으나 독립 전에는 스페인으로부터 독립을 시도하려는 지도자를 지칭하는 단어로, 독립 이후에는 '독재자가 된 영웅'이라는 의미로 변질되었다. 라틴아메리카 독립의 중심에는 크리오요, 독립 이후 정권의 중심에는 카우디요가 있었다고 보면 된다.

1826년 남미의 평화와 독립을 유지하기 위한 연맹을 결성할 목적으로 파나마 회의가 열리기도 했다. 그러나 각국 간의 대립과 이해관계가 얽혀 1830년 해체되고 말았다.

콜롬비아 도시 곳곳에 세워져 있는 시몬 볼리바르 동상

　다양한 이해관계의 대립 속에서 볼리바르를 암살하려는 음모가 미수에 그치는 사건도 일어났다. 1830년 4월 27일 볼리바르는 대통령직과 후계자 지명권을 포함한 모든 정치적 권한을 포기하겠다는 서한을 의회에 보냈다. 그는 거액의 연금을 평생 지급하겠다는 의회의 제안도 거절했다.

　결핵으로 고통받던 볼리바르는 뒤늦게 산타 마르타의 한 별장에서 칩거를 시작했지만 1830년 12월 17일, 47세를 일기로 세상을 떠났다. 하지만 신화가 된 그의 삶은 콜롬비아 도시 곳곳에 동상으로 아로새겨져 있으며, 국가와 거리의 이름으로 남아 여전히 살아 숨 쉬고 있다.

COLOMBIA ———————————

chapter 2

콜롬비아
문화와 산업

커피 생산 거점,
조나 카페테라

들어가기에 앞서, 이 챕터는 추종연 전 콜롬비아 대사(2011~2014년, 2020~2022년)의 저서 『커피 한 잔 할래요?』에서 많은 부분 참고했음을 밝힌다.

커피는 전 세계에서 물과 차 다음으로 많이 소비되는 기호식품이다. 특히 스타벅스 커피는 코카콜라나 맥도날드처럼 전 세계 어디를 가더라도 볼 수 있다. 커피 최대 생산국은 브라질이고 두 번째는 베트남, 세 번째가 콜롬비아다. 커피는 콜롬비아 국민에게 단순한 식품이 아니라 문화의 결집체이자 국가의 상징이다. 우리나라 사람에게 쌀과 같은 존재인 것이다.

콜롬비아 경제를 뒷받침해 온 기둥이면서 국가 공식 수출의 절반 정도를 차지하기에 커피 산업을 빼놓고는 콜롬비아의 경제를 논하기가 어렵다. 총 32개 주 가운데 23개 주에서 커피를 재배하며, 커피 농가만 56만 가구에 달한다. 콜롬비아 커피의 특징은 향기롭고 순하며 과일 맛이 뛰어나다는 것이다.

추종연 전 외교부 중남미 국장이 쓴 『커피 한 잔 할래요?』에 보면 다음과 같은 글이 나온다.

"콜롬비아 사람들에게 콜롬비아 커피는 삶의 방식이고 역사이며 문화이고 전통이다. 그들만의 아이덴티티인 동시에 아이콘이다. 콜롬비아 사람과 만날 때 콜롬비아 아라비카 품종 커피에 대한 찬사로 시작하면 대화가 쉽게 풀린다."

콜롬비아의 커피 산업

콜롬비아에 커피가 들어온 건 1730년대 예수회 소속 스페인 신부를 통해서였다고 전해진다. 문헌과 구전 등에 따르면 부카라망가^{Bucaramanga} 시 교구 신부인 프란시스코 로메로 신부가 들여온 것으로 알려져 있다. 로메로 신부는 커피가 가난에 허덕이던 콜롬비아 농민의 소득을 높여줄 것으로 생각하고 재배를 권장했지만 그들은 낯선 종자를 재배하고 싶어 하지 않았다. 어린 나무를 심고 열매를 맺기까지 4년의 시간을 기다려야 한다는 것도 기피 이유 중 하나였다.

로메로 신부는 꾀를 냈다. 농민들이 고해성사를 할 때마다 용서의 대가로 커피 묘목을 심도록 유도한 것이다. 그렇게 커피나무를 재배하는 집이 하나둘 늘어갔고, 커피나무가 전해진 지 100여 년이 흘러 그 결과가 나타났다.

1830년대 무렵 산탄데르와 산탄데르 북부 지역이 커피 재배의 메카로 부상했다. 당시는 토지 소유가 부자들에게 집중되어 있었는데, 커피 수요가

유네스코가 세계문화유산으로 지정한 커피 농장의 전경

증가하자 대형 농장이 뛰어들어 커피 산업을 견인했다.

콜롬비아 마일드 아라비카 커피에 대한 수요가 늘자 급증하는 커피 공급을 위해 중소형 농장까지 가세했다. 가족 단위의 커피 경작자가 늘어났으며, 커피 경작지도 산간 오지로 확대되었다. 지금도 안데스산맥 서부 지역과 구릉 지역에 2만 4,000여 소규모 커피 농장이 모여 있다. 이는 전체 영토에서 1%에 불과하지만 콜롬비아 커피의 절반 정도가 이곳에서 생산된다.

유네스코 세계문화유산으로 지정된 커피 문화 경관

콜롬비아에서도 커피 재배가 가장 활발한 조나 카페테라Zona Cafeteria에는 손상되지 않은 자연환경과 100년 이상 대를 이어 농사를 지은 사람이 모여 있다. '에헤 카페테로Eje Cafetero(커피 로드)'라고도 불리는데 커피 재배 거점 지역으로 생각하면 된다. 커피 생산의 중심축인 셈이다.

커피 농장 체험을 신청하면 현장에서 신선한 커피를 맛보고 전통적인 커피 수확 방법과 가공 과정을 직접 경험할 수 있다. 안데스산맥 중부 지역 중앙산맥의 양쪽 경사면에 위치한 칼다스, 리사랄다, 킨디오 3개 주가 이에 해당한다. 이 지역은 바다와 해변이 있는 카리브해 연안에 이어 콜롬비아에서 두 번째로 중요한 관광지이기도 하다.

유네스코 유엔식량농업기구^{FAO}는 2011년 6월 23일 '콜롬비아의 커피 문화 경관^{Coffee Cultural Landscape of Colombia}'을 세계문화유산으로 지정했다. 원두 가격 하락으로 커피 산업이 위기에 처한 조나 카페테라 지역의 주민에게 세계문화유산 지정은 한 줄기 빛과 같은 희소식이었다.

유네스코가 세계문화유산으로 지정한 지역은 고도 2,000m 내외, 안데스 고원의 온화한 기후, 적당한 강수량과 울창한 삼림, 무기질이 풍부한 화산재 토양으로 커피나무를 키우기에 최적의 환경이다.

전형적인 콜롬비아 커피 농가는 경사도가 25%(55°)를 넘는 가파르고 험난한 산악 지역에 있다. 이런 환경은 커피 문화 경관의 독특한 형태와 디자인, 건축, 공동체의 생활 양식을 만들어냈다. '작은 땅의 평등'이라는 이 전통은 소규모 농가 생산 체제로 이어지고, 전문적으로 커피콩을 재배하는 숙련 농부를 의미하는 '카페테로'의 독창적 생활 방식을 창조했다.

조나 카페테라 지역

칼다스 주는 로스네바도스국립공원이 있는 지역으로, 이 국립공원은 네바도 델 루이스 화산이 내뿜는 화산재로 만들어졌다. 이 화산은 '불의 고리'에 위치한 활화산으로, 1985년 화산 폭발 당시 2만 5,000명이 숨졌다.

화산과 가까운 곳에는 3개의 빙하가 있다. 5,000m가 넘는 5개의 눈 덮인 산봉우리로부터 강과 계곡이 시작되는데 거기서 나온 깨끗한 물이 킨디오, 리사랄다, 톨리마 주까지 흘러간다.

칼다스 주의 주도는 마니살레스로 베네치아농장이 유명하다. 이 농장은 전형적인 커피 농가로 4세대 이상 이어져 내려온 커피 문화의 성지이며 커피가 맛있기로 정평이 나 있다. 콜롬비아의 대표적인 일일연속극 〈여인의 향기를 머금은 커피〉의 촬영 장소로 화제를 모았다. 마니살레스는 조류를 관찰할 수 있는 곳으로도 유명한데, 티나무 보존 지역에만 260종의 조류가 서식한다.

킨디오 주의 주도 아르메니아는 에코투어리즘의 중심지로 이 지역에만 100여 개 커피 농장이 있다. 아르메니아에서 서쪽으로 10km 떨어진 몬테네그로에는 1995년 2월에 문을 연 국립 커피공원이 있으며, 이 커피공원에 가면 커피의 역사를 한눈에 볼 수 있다.

리사랄다 주의 주도 페레이라에서 15km 떨어진 산타로사데카발 마을은 폭포수처럼 흘러내리는 노천 온천수로 유명하다. 이는 인근 로스네바도스 국립공원의 화산에서 시작되는데, 온천수가 분출되는 곳의 수온은 70도 정도 되지만 노천탕까지 내려오면서 온천욕을 하기에 적당한 수온이 된다.

산맥의 끝자락에 자리 잡은 조용한 마을 살렌토는 콜롬비아 커피가 널리 알려지면서 관광도시로 탈바꿈했다. 살렌토 마을 자체가 매력이 있다기보다는 근교에 있는 관광지 '코코라계곡'의 영향이 크다. 코코라계곡은 장대한 크기의 야자수가 하늘을 향해 쭉쭉 뻗어 올라가는 독특한 경치로 동화 속에 들어온 것 같은 느낌을 준다.

조나 카페테라는 현대적인 서부 내륙의 대도시 마니살레스, 페레이라, 아르메니아를 기반으로 한다. 이 세 곳은 커피 트라이앵글을 형성해 '커피 삼각지'로도 불린다. 모두 현대에 발생한 지진 피해 지역이지만 정치, 혁신, 오락 등 각기 다른 매력을 지니고 있다. 마을 외곽에는 파이사 농부들이 설립한 커피 재배 농장 '핀카Finca'가 있는데, 일반인에게 개방되어 있으니 기회가 닿으면 꼭 방문해 보길 권한다.

커피 이동로 '시골길'

19세기 후반 커피를 재배하는 농부에게 큰 도전은 산 정상을 정복하는 것이었다. 이들은 경사진 땅에 농장을 짓고, 경사면에 집을 짓고, 산 가장자리에서 지류 유역까지 농작물 재배 영토를 확장시켜 갔다.

커피가 국가 경제의 동력이 되면서 가장 시급하게 해결해야 할 과제는 커피 농장에서 수집 센터로 커피를 신속하게 운반하는 것이었다. 당시 커피 재배 농민들이 찾은 유일한 방법은 각 집과 커피 농장을 연결하는 도로 개설이었다. 이른바 '시골길'인데 노새꾼이 짐을 운반하는 길잡이 역할을 했다. 1927년 콜롬비아 곡물재배자연맹이 창설되고 나서 이 길은 고속도로가 되었다. 하지만 커피 문화 경관 북쪽의 아구아다스 같은 외딴 지역은 아직까지 고속도로로 전환되지 않아서 시골길의 낭만을 느낄 수 있다.

바하레케 건축

경사진 커피 재배지 언덕 위 분지에 있는 도시는 스페인 문화와 지역 조건에 맞게 적응한 인디언 문화가 융합된 형태를 띠고 있다. 건축은 스페인 식민지시대의 영향을 많이 받아서 자연, 경제, 문화 요소가 골고루 섞여 있는 것이 특징이다.

주택과 촌락은 커피 재배를 염두에 두고 형성되었다. 이 과정을 통해 한층 더 탄력적이고 역동적인 건축 양식이 탄생했는데 '바하레케bahareque'가 바로 그것이다.

바하레케는 과두아guadua라는 이름의 남미 대나무 지팡이와 진흙 그리고 소똥의 혼합물을 의미한다. 이 재료를 이용해 수평과 수직 빔의 비스듬한 버팀 구조의 목재 틀 위에 벽을 이어 세우고, 내구성과 유연성이 뛰어난 것으로 알려진 대나무를 엮어 지붕을 덮는 방식으로 건축된다. 19세기 말과 20세기 전반에는 이 지역의 모든 건축물이 바하레케 재료로 지어졌다.

발아	커피콩을 발아시켜 묘목으로 키운 뒤 옮겨 심기까지 약 8개월이 소요됨
열매와 수확	묘목이 나무로 자라 열매를 맺는 데 3년, 수확까지는 약 5년이 소요됨
수확 가능 기간	약 20년

커피나무의 성장 주기

해발 1,000~2,000m의 화산 토양에서 자란 커피 맛보기
안개 자욱한 숲에서 시작해 눈 덮인 화산에서 끝나는 트레일 하이킹
계곡과 커피 농장 상공에서 즐기는 패러글라이딩
천연 섬유로 만든 전통 바구니와 '아구아데뇨' 모자 만들기
'천연 강철'로 알려진 대나무의 일종인 과두아 지팡이의 다양한 용도 알아보기

커피 문화 경관 지역에서 할 일

바하레케는 커피 문화 경관, 안티오키아의 드넓은 남부 지역 그리고 톨리마 북부 지역에서 건축 디자인의 기본 요소가 되었다. 이는 지속가능하고 생산적인 커피 재배와 문화환경의 단적 사례이자 전 세계 다른 커피 재배지와 차별화된 특징이다.

커피 문화 경관 지역은 커피 재배지와 생산지인 동시에 전 세계 생물다양성을 전략적으로 보존하기 위해 원시림을 유지하도록 만든 '생물학적 회랑지대'이기도 하다. 쉽게 말하면 우리나라의 남과 북 경계선 2km에 걸쳐 마련된 판문점 비무장지대와 유사한 역할을 한다.

바하레케 재료로 지어진 커피 농가

지역의 명물, 지프차 윌리스

조나 카페테라 지역의 명물 가운데 하나가 지프차 '윌리스'다. 2차 세계대전 당시 군용으로 사용되었으나 지금은 단종되었다. 1940년대 미군과 연합국 군대를 위해 표준 설계된 트럭이지만 가벼운 무게 덕분에 세계 최초로 대량 생산된 4륜 구동 차량이기도 하다. 현재는 관광객뿐 아니라 바나나, 카카오 등 농산물을 실어 나르고 있다. 윌리스 지프차 퍼레이드, 윌리스 밀어서 달리기 등 이와 관련된 행사도 많다.

에코투어리즘

바하레케 테마 여행은 커피 문화 경관 한가운데서 풍광을 경험하고 신선한 공기를 마시며 생산 활동 체험도 할 수 있는 상품으로, 다음 세 곳에서 이루어지고 있다.

첫 번째, 바하레케 건축 양식이 많은 살렌토 마을 남쪽이다. 살렌토는 킨디오강 협곡 위 해발 1,895m에 위치한다. 남부의 대도시 칼리와 북부의 수도 보고타를 잇는 도로를 건설할 때 세워진 마을이다. 19세기 중반 지역 간 내전 당시 붙잡힌 정치범을 동원해 도로를 건설했는데, 이후 형기를 마친 정치범이 이곳에 땅을 얻어 정착하면서 마을이 형성되었다.

두 번째, 커피 문화 경관의 중앙에 있는 마르셀라시다. 시 의회의 동의를

조나 카페테라 지역의 명물 지프차 윌리스

얻어 중앙 공원의 주택과 건물은 역사적 디자인과 고풍스러운 요소를 그대로 유지하도록 했다. 마을에는 3층 건물 카사 데 라 컬투라가 있다.

　세 번째, 커피 문화 경관 북쪽의 살라미나 마을이다. 살렌토나 마르셀라만큼 접근성이 좋지는 않지만 이곳의 주택은 정교하게 지어져 우아하고 자생적인 전통적 표현이 남아 있다.

콜롬비아 커피
이야기

콜롬비아 커피가 전 세계를 제패할 수 있었던 첫 번째 이유는 환경이다. 커피는 꼭두서니과에 속하는 쌍떡잎식물로 그 열매를 가공해 사용한다. 커피 열매는 해발 800~1,900m, 연간 온도 15~30℃, 연평균 강수량 1,500mm 이상인 지역에서 잘 자라는데, 콜롬비아에는 이런 조건을 가진 땅이 전국에 널려 있다.

두 번째, 민간단체의 힘이다. 1927년 커피 농부와 원두 판매상들이 주도하여 콜롬비아 커피생산자연합회FNC를 결성했다. 현재 50만여 커피 재배 농가가 소속되어 있을 정도로 큰 단체인데, 콜롬비아 커피 산업 종사자들이 대부분 속해 있는 조직이라고 생각하면 된다. 그만큼 콜롬비아에서 강력한 힘을 발휘하는데, FNC의 총재는 대통령 다음으로 강한 권력을 쥐고 있다는 말이 있을 정도다.

FNC를 더욱 강력하게 만들어 준 것은 후안 발데스Juan Valdez라는 프리미엄 커피 브랜드다. 후안 발데스는 중남미에서 세계 최대 규모를 자랑하는 스

타벅스를 꺾을 수 있는 유일한 커
피 브랜드로 평가받으며 미국, 말
레이시아, 스페인, 에콰도르, 칠레,
페루 등에 진출해 있다. 쿠웨이트,
카타르 등 아랍권 나라에도 곧 진
출할 예정이다.

후안 발데스의 커피 로고

후안 발데스는 광고 회사가 만
들어낸 가상의 인물인데, 솜브레
로sombrero라고 불리는 밀짚모자와 콧수염, 커피 열매 운반을 도와주는 당나
귀 콘치타Conchita와 함께 있는 모습이 시그니처다. 콜롬비아인에게 후안 발
데스는 뉴욕에 있는 '자유의 여신상'에 비견될 만큼 아주 중요한 가치를 지
니고 있다.

2022년 현재 FNC의 자회사로 전 세계에 후안 발데스 커피를 유통하고
커피 전문점도 운영하는 프로카페콜PROCAFECOL S.A의 사장은 콜롬비아 안데
스대학교와 미국 하버드 비즈니스스쿨 출신인 카밀라 에스코바르다. 우연
인지 모르겠지만 콜롬비아의 마약왕 파블로 에스코바르와 성이 같다(친척
일지도 모른다고 생각하니 순간 오싹해지긴 하지만 그렇다고 한들 어찌하겠는가. 그는 성공

한 여성 기업인으로 존경할 만한 인물이다). 카밀라 사장은 후안 발데스를 스타벅스와 던킨, 맥카페, 팀 호턴스 등과 같은 글로벌 커피 체인점으로 키울 계획이라고 한다.

70년 내전의 상처를 어루만지는 '평화의 커피'

1950년대 결성된 반정부무장단체의 영향으로 코카 재배와 마약 거래가 증가하면서 당시 커피를 경작하던 농민들은 엄청난 생계의 위협을 받았다. 특히 내전의 중심지였던 우일라, 나리뇨 등 남부 지역은 그 피해가 심각했다.

그런데 2003~2006년 우익 민병대의 무장 해제가 시행되고, 2016년 콜롬비아 정부와 FARC 간 평화협정이 체결되면서 국가와 국민 모두 안정을 되찾았다. 덕분에 고향을 떠났던 농민들도 삶의 터전으로 돌아올 수 있었다.

1927년 커피 산업을 보호하기 위한 전국 조직으로 창립된 FNC는 2017년 평화협정 체결 1주년을 기념해 내전 중심지였던 남부 카케타 주의 주도 플로렌시아에서 '화해의 커피'를 출시했다. 커피 재배를 매개로 커피 농가와 내전 피해자, 무장 해제자 간에 화합을 이루고자 했던 것이다.

평화협정 체결 3년 뒤인 2019년 콜롬비아에서 커피 엑스포가 열렸다. 이를 계기로 미국의 국제개발처USAID는 콜롬비아 커피생산자협회와 공동으로

'평화의 커피 프로젝트'를 시작했다. 이를 통해 반 세기 동안 내전으로 피폐해진 마을에서 커피를 재배하고 판매하도록 지원하고 주민들의 생활 수준을 향상시킬 수 있게 도왔다. 이들은 이 프로젝트를 통해 400톤 이상의 커피를 전 세계로 수출하는 성과를 이루어냈다.

세계 3위 생산국이 수입 커피를 마시는 이유

요즘 사람들은 하루에도 몇 번씩 티타임을 갖는다. 바쁜 일상에서 한숨을 돌리고 싶을 때나 반가운 사람을 만나는 순간 커피가 빠질 수 없다. 하지만 경작자에게 커피는 여유나 낭만이 아닌 생존 수단이다. 그것도 정당한 노동의 대가를 받지 못하는 서글픈 생계 수단이다. 커피를 통해 돈을 버는 곳은 생산지가 아니라 소비지이기 때문이다. 이런 현실을 반영하듯 커피 생산지 지도와 빈곤 지도가 거의 일치한다.

안타까운 현상은 또 있다. 콜롬비아는 세계 3위 커피 생산국이다. 그런데 자국민은 콜롬비아산이 아닌 해외에서 수입한 커피를 마신다. 품질 좋은 커피는 대부분 해외로 수출되기 때문에 낮은 등급의 외국산 커피를 역으로 수입하는 것이다. 콜롬비아 급여생활자의 90%가 최저임금 수준으로 생활하는데, 최저임금 생활자가 우리 돈으로 30만 원에 달하는 프리미엄 커피를 어찌 마실 수 있겠는가. 자본주의 시장의 서글픈 민낯이 아닐 수 없다.

아모르 페르펙토의 저항

커피 산업에는 콜롬비아 사람의 영혼이 깃들어 있다. 이는 커피의 명칭에서도 알 수 있다. 아모르 페르펙토^AMOR PERFECTO는 스페인어로 '완벽한 사랑'을 의미하는데 콜롬비아 커피 기업명이자 카페 이름이며, 커피 상품명이기도 하다. 이 기업은 콜롬비아 커피업계에 작은 반란의 기치를 세웠다. 세계 3위 커피 생산국인 콜롬비아 국민이 왜 좋은 커피는 모두 수출하고 질 낮은 커피를 마셔야만 하는지에 대한 항의였다.

1990년대 콜롬비아는 '파시야와 리피오법' 때문에 양질의 커피를 모두 수출해야 했다. 파시야는 흠집 있는 커피콩이라는 뜻이고, 리피오는 커피를 내린 후 남은 찌꺼기를 말한다. 일명 '커피콩과 찌꺼기 법'인 것이다.

아모르 페르펙토의 사장 루이스 페르난도 벨레스는 1997년 법을 어기고 양질의 커피를 구입한 뒤 로스팅해서 판매했다. 수년간의 투쟁 끝에 정부는 2003년 법을 바꿔 고급 커피의 국내 판매를 승인했다. 이는 양질의 커피에 부가가치를 더해 수출함에도 불구하고 턱없이 낮은 콜롬비아 커피 가격에 대한 저항이라는 평가를 이끌어냈다. 아모르 페르펙토는 현재 14개국에 수출되고 있으며, 우리나라도 그중 한 나라다.

커피는 콜롬비아인의 향수를 자극한다. 2022년 넷플릭스는 콜롬비아의 일일연속극 〈여인의 향기를 머금은 커피〉를 내보냈는데, 이는 콜롬비아 국민이 가장 많이 시청한 드라마다. 커피 농장에서 커피를 따며 생계를 이어가는 청순한 여인 가비오타와 커피 농장을 운영하는 부호 옥타비오 바예호의 아들 세바스티안의 사랑 이야기다.

물론 단순한 사랑 이야기를 다룬 드라마는 아니다. 그 안에는 지주계급과 노동자의 역학관계, 커피 농장에서 살아가는 일꾼의 애환이 생생하게 녹아 있다. 참고로 가비오타는 '갈매기'라는 뜻인데, 땀을 흘리며 커피 열매를 따면서도 웃음을 잃지 않고 즐겁게 노래하는 그녀의 모습은 희망을 품고 비상하는 갈매기를 연상케 한다.

블루마운틴 커피를 독점한 일본

커피 수입은 일본이 한국보다 먼저 시작했다. 일본은 1854년 본격적으로 커피 수입을 시작했는데, 메이지유신 때 커피숍이 생겼을 정도다.

일본은 '커피의 황제'라고 불리는 자메이카의 블루마운틴 커피 유통을 독점하고 있다. 1929년 세계 경제대공황으로 자메이카 커피 산업이 붕괴 위기를 맞았을 때 일본이 차관의 대가로 블루마운틴 커피를 전량 인수하기로 계약을 맺었기에 가능한 일이다.

상온이나 차가운 물로 장시간 우려내는 콜드브루 커피

디카페인 커피

아메리카노는 100g당 2~4kcal로 열량이 매우 낮다. 하지만 우유, 설탕, 아이스크림 등 첨가물에 따라 칼로리가 크게 높아진다. 커피에 들어 있는 카페인도 이와 비슷하다. 커피 한 잔에는 대략 65~120mg의 카페인이 들어 있는데 원두의 종류, 분쇄 크기, 수온, 로스팅 정도, 추출 방법에 따라 함량이 달라진다. 원두 가루와 물이 닿는 시간이 길고, 닿는 면적이 넓을수록 카페인이 많이 용출된다. 뜨거운 물을 부어 천천히 커피를 내려 마시는 방식인 핸드드립 커피가 에스프레소와 아메리카노보다 카페인 함량이 높은 이유도 여기에 있다.

카페인을 싫어하는 사람을 위해 등장한 게 바로 디카페인 커피다. 일단 커피를 볶으면 카페인을 분리할 수 없기에 생두 상태에서 카페인을 분리해야 한다. 디카페인 커피라고 해서 완벽하게 카페인이 제거되는 것은 아니다. 대략 97~98%의 카페인이 제거되는 것으로 알려져 있다. 소량의 카페인만으로도 며칠 밤을 뜬눈으로 지새우는 카페인 저항력 0에 가까운 나 같은 촌스러운 사람에게 디카페인 커피는 감사하기 이를 데 없는 존재다. 개인적으로 더욱 다양한 디카페인 커피가 나오길 바란다.

가비오타스 마을의
실험

"진정한 위기는 자원 부족이 아니라 상상력 부족이다."

이는 가비오타스Gaviotas 설립자 파올로 루가리P. Lugari가 한 말이다.

가비오타스는 콜롬비아 동부의 오지 마을이다. 이곳에 사는 200여 명의 주민은 1980년대 초부터 정치적 불안으로 황폐화된 외딴 사바나 지역 로스 야노스의 가비오타스에서 지속가능한 새 공동체 건설을 위해 고군분투해 왔다. 주민들은 나무 한 그루 자라지 않던 불모의 땅에 수백만 그루의 소나무를 심어 원래의 열대우림을 재생하고자 심혈을 기울였다. 그리고 40년 동안 공을 들인 끝에 아마존 지류 2만 5,000ha의 불모지를 거대한 열대우림으로 되살렸다.

이 마을은 수경재배법 등 유기농법으로만 농사를 지어 자급자족하고 있다. 풍력과 태양열을 사용하고 무상 교육, 무상 의료를 통해 주민들이 최대한 상상력을 발휘할 수 있는 환경을 조성했다.

마을 사람들은 콜롬비아 동부의 황무지였던 야노스에 카리브해 소나무를 심었다. 이 나무들은 뿌리에 뿌려진 균근 곰팡이의 도움으로 산성도가 높은 토양에서 살아남을 수 있었다. 수년에 걸쳐 이 숲은 약 8,000ha로 확장되었고, 강우량이 10% 증가해 지역 기후를 변화시켰다.

가비오타스 주민은 자신들의 소나무 숲이 전 세계 다른 숲보다 두 배나 많은 수지를 생산할 수 있다는 사실을 알게 되었다. 이에 효율적인 폐기물 제로 시설을 갖추고 높은 등급의 수지를 생산해 판매하기 시작했다. 이렇게 나무 수지 가공은 지역사회의 중요한 경제 활동이 되었다.

가비오타스 숲

소나무 숲은 수년에 걸쳐 다른 동식물이 번성할 수 있도록 풍성한 환경을 제공해 주었다. 그중에는 과거 이 지역을 뒤덮었던 고대 열대우림의 휴면 씨앗도 있다. 휴면 씨앗은 환경이 맞지 않아 발육이 정지된 상태의 씨앗을 말한다. 하지만 소나무 숲 덕분에 적절한 발아 환경이 조성되었고 다양한 토착종이 싹을 틔우기 시작했다. 토착종의 활약으로 소나무 숲은 점점 밀려나고 있지만 여러 면에서 반가운 소식임이 분명하다.

가비오타스 숲의 생물다양성은 계속 증가하고 있다. 주민들은 소나무와 야자나무, 과일나무를 심고 자연이 나머지 나무를 심는다. 그래서 건조한 평원에서는 볼 수 없던 수백 종의 토종 식물과 동물이 생겨나고 있다.

자연에서 구하는 에너지

가비오타스는 숲에서 벌목한 나무로 작동하는 증기 터빈을 통해 전기를 생산한다. 테레빈유(숲의 소나무에서 추출한 증류 수지)와 식물성 기름(숲의 야자나무 열매 또는 재활용 식용유에서 추출)으로 만든 새로운 연료 혼합물을 개발해 발전기, 트랙터, 트럭 등 모든 디젤 엔진을 가동한다. 엔진의 일반 종이 오일 필터를 대체할 스테인리스 스틸 필터(자체 개발)만 있으면 된다.

가비오타스에는 커뮤니티 식당이 있다. 주방에서는 하루 약 200인분의 식사를 조리한다. 거대한 조리용 스토브에는 펌프 없이 자연 대류(서모사이펀)를 통해 물이 끓기 직전까지 가열한 다음 순환시키는 내부 배관이 장착되어 있다. 이 새로운 열교환 시스템은 식당 지붕에 있던 30개 태양열 집열기를 대체한다.

선각자의 아이디어

이 마을은 어떻게 생겨났을까? 올해 80세인 파올로 루가리는 콜롬비아의 귀족 출신으로 개발 전문가다. 아버지가 로마 출신의 학자였는데 콜롬비아의 왕족과 결혼했다고 한다.

루가리는 젊었을 때부터 컴퓨터를 멀리하고 무거운 가방을 들고 여행을 다니는 걸 좋아했다. 콜롬비아에서 내전이 한창이던 1960년대 자동차로 동부 평원을 여행했는데, 이때 강갈매기 떼가 머리 위를 날아다니는 광경을 보게 된다. 그리고 얼마 후 '가비오타(갈매기)'로 불리는 황량한 마을을 발견한 그는 열대 사막처럼 광활한 이곳이 인류 문명의 미래를 실험하기에 적합한 장소라고 판단했다. 에너지 자급자족과 창의성을 시험하기 위해선 비옥한 땅보다 척박한 땅이 제격이라고 봤다는 것이다. 이런 독특한 아이디어는 전쟁으로 지친 콜롬비아인들에게 희망의 기폭제가 되었다.

이곳은 루가리가 생각한 것보다 험난한 땅으로 수도 보고타에서 지프차로 16시간 거리에 위치해 있다. 마약 밀매업자와 사설 군대는 이곳을 총기 반입 통로로 삼았는데, 그럼에도 오랜 내전에 지친 사람들이 가비오타스를 찾아오기 시작했다. 다른 지역 농촌 노동자 임금의 약 두 배인 월 500달러를 지급한 것도 유인책이 되었다. 농부와 유목민(과히보 인디언)이 합류했고 과학자들이 주택, 실험실, 공장 단지를 설계하는 데 도움을 주었다.

공동체 생활 실험

지금 가비오타스에서는 화석연료와 농업에 대한 문명의 의존도를 바꾸기 위한 실험이 진행 중이다. 이곳에서는 물을 살균하는 태양열 주전자 같은 작은 발명품부터 열대 소나무에서 바이오 연료용 수지를 생산하는 재조림

프로젝트, 토종 식물이 번성하는 캐노피 등 다양한 실험이 이뤄지고 있다. 소나무에서 추출한 수지는 트랙터와 오토바이의 바이오 연료로 사용된다.

가비오타스의 주민들은 무기와 경찰, 감옥과 시장 없이 생활하고 있다. 자동차나 교회, 핸드폰, 텔레비전, 인터넷은 물론 정신적 지주가 되어 줄 신부도 없다. 직업을 가진 사람이 한 명도 없으며 모든 가정은 무료 주택, 무료 교육, 공동체 급식의 혜택을 받는다. 한 마디로 '생태공동체'다.

가비오타스는 공동체가 소유한 땅에서 초유의 실험을 했고 불굴의 의지로 가시적 성과를 냈다. 이는 "세계를 재창조하는 마을이다"라는 찬사로 돌아왔다. 그들이 황량한 땅을 지속가능한 지역사회의 글로벌 모델로 탈바꿈시켰기 때문이다(www.friendsofgaviotas.org 참조). 유엔은 이 마을을 지속가능한 개발 모델로 선정했으며, 가브리엘 가르시아 마르케스는 설립자 파올로 루가리를 '세계의 발명가'라고 불렀다.

가비오타스를 지속가능한 사회 모델로 평가한 『생태공동체 가비오타스 이야기』의 저자 앨런 와이즈먼은 가비오타스 사람들의 고군분투기를 통해 환경을 훼손하는 힘이 거꾸로 그것을 회복시키는 데도 사용될 수 있음을 생생하게 보여줬다. 와이즈먼은 DMZ(비무장지대)를 모티브로 자연의 자기치유

력을 탐구한 『인간 없는 세상』의 저자로도 유명하다. 이 책은 전 세계 20여 개국에 출간되어 큰 반향을 일으켰으며, 그는 이 작품을 통해 '미국 최고의 과학 저술상'을 수상했다.

와이즈먼은 언론 인터뷰에서 "가장 중요한 것은 가비오타스가 콜롬비아의 극심한 폭력적 상황에서도 한 사람의 사상자도 없이 살아남았다는 사실이다. 이는 가비오타스가 철저하게 정치적 중립을 지키고, 모든 사람이 공동체의 의사 결정 과정에 참여했기에 가능한 일이었다. 대부분 바이오 연료를 위해 숲을 밀어버리지만 가비오타스는 기존 숲과 함께 야자나무를 심고 그것이 숲의 토양에 도움이 되는 방향으로 연구를 진행하고 있다"라고 평가했다. 그러면서 그는 "자연과 조화를 이루고 균형을 맞추는 번영을 추구해야 한다. 인류가 지속적으로 발전할 수 있는 길을 찾아야 한다. 가비오타스는 '선한 자본주의'의 사례이자 지속가능한 모델에 가장 가까운 생태 공동체다"라고 말했다.

가비오타스의 과제

가비오타스도 세계 경제의 영향에서 자유로울 수 없다. 중국에서 수입한 값싼 수지가 콜롬비아에 넘쳐나면서 가비오타스는 판매 제품의 생산비를

40%나 낮춰야 했다.

루가리의 영향력이 너무 커진 것도 문제다. 보고타의 엔지니어이자 초기 협력자였던 호르헤 자프는 루가리의 리더십은 인정하지만 그의 그림자가 너무 커졌다고 우려한다. 줄리어스 시저부터 카스트로에 이르기까지 모든 제국주의 정권이 그렇듯 가비오타스도 한 사람을 중심으로 움직이고 있다는 것이다. 한편 가비오타스를 잠수함에 비유한 연구자도 있다. 자체 경계 내에서 지속적인 변화를 추구하지만 주변 지역사회로부터 고립된 마을이라는 것이다.

그럼에도 이 마을은 인류가 어떻게 해야 자연과 함께 지속가능한 삶을 살아갈 수 있는지를 보여준다.

세계 꽃
1위 생산국

콜롬비아 난초의 종류는 공식 확인된 것만 2,368종으로 세계 1위다. 미확인 종까지 합치면 약 3,500종의 난초가 있는데, 대다수의 난초는 콜롬비아에서만 볼 수 있는 고유종이다. 콜롬비아의 국화도 난초 종류인 '카틀레야 트리아네'다. 난초는 콜롬비아 전 지역과 기후대에서 자라는데, 특히 안티오키아 북서부의 해발 1,000~2,000m에서 많이 발견된다.

더 올라가면 해발 3,000m 이상에서만 자라는 다년생 관목인 '프라일레혼'을 볼 수 있다. 노란색 꽃이 피는데 매우 아름답다. 약 88종의 프라일레혼이 있는데 대부분 콜롬비아에서 자생한다. 시에라네바다 데 산타 마르타, 시에라네바다 델 코쿠이, 산투아리오 데 이과케 등 보호구역에서 발견되고 있다.

콜롬비아는 네덜란드에 이어 세계 2위의 절화 수출국이기도 하다. 해발 2,600m에 위치한 보고타 분지는 날씨가 선선하고 병충해가 적어 꽃 생산에 안성맞춤이다.

콜롬비아의 국화 카들레야 트리아네

해발 3,000m 이상에서만 자라는 프라일레흔

콜롬비아는 꽃도 커피처럼 수출을 염두에 두고 생산한다. 콜롬비아의 꽃들은 다른 남미 국가에 비해 송이가 크고 줄기가 단단하고 아름다워 최상급에 속한다. 만약 미국의 꽃집에서 같은 종류임에도 유독 비싼 꽃을 발견한다면 십중팔구 콜롬비아산일 거라고 생각하면 된다.

기후가 온화해 '영원한 봄의 도시'로 불리는 메데인에서는 해마다 화려하고 이국적인 꽃이 피어난다. 1957년 처음으로 꽃 축제가 열렸는데 이후 매년 8월 첫 주가 되면 메데인에서는 각양각색의 꽃을 볼 수 있다. 거리뿐 아니라 발코니와 테라스, 정원, 담장이 형형색색으로 물들어 도시가 큰 정원으로 바뀌는데, 이것이 전통적인 꽃축제의 서막이다. 축제 기간에는 올드카 퍼레이드, 화환 퍼레이드, 오케스트라 콘서트를 비롯한 야외 음악 공연 등 도시의 매력을 만끽할 수 있는 다양한 행사가 열린다. 화환 퍼레이드에는 화훼 생산 농민들이 직접 화환을 등에 지고 등장하는데 화환의 무게만 무려 70kg에 달한다.

또한 콜롬비아에는 13만 종 이상의 식물이 서식하는데, 그 가운데 토종 식물이 3분의 1이나 된다. 사람이 접근하기 어려운 아마존 지역을 포함해 국토가 넓어 아직 발견되지 않은 종도 많다. 최소 2,000종의 식물이 미확인 상태로 남아 있고, 이보다 훨씬 더 많은 수의 식물이 의약 목적 등 잠재적인 이유로 분석되지 않은 것으로 추정된다.

콜롬비아를 화려하게 장식하는 다양한 난초

지상 최대의
나비 천국

　세계에서 가장 많은 종류의 나비가 서식하는 곳이 콜롬비아다. 2021년 6월 곤충학자와 사진작가 등으로 구성된 다국적 연구팀이 『콜롬비아의 나비, 체크 리스트』를 출간했다. 250년간 콜롬비아에서 목격된 나비를 종류별로 정리한 이 책에 따르면 콜롬비아에 사는 나비의 종류는 약 3,642종으로 세계에서 그 수가 가장 많다. 이 중에서 200종은 콜롬비아에서만 서식한다.

　가브리엘 마르케스의 소설 『백년의 고독』에 보면 사랑하는 남녀가 꽃과 함께 마른 나비를 주고받는다. 또 메메의 첫사랑인 미우리시오 바빌로니아는 가는 곳마다 노랑나비를 떼로 몰고 다닌다. 나비의 종류와 수가 엄청나게 많은 콜롬비아가 아니라면 나올 수 없는 환상적 묘사이며 모티브가 아닌가 싶다. 2014년 4월 소설가 마르케스가 사망했을 당시 추도식에 참석한 콜롬비아 사람들은 종이로 만든 노란 나비를 하늘로 날려 보내며 그의 작품과 삶에 조의를 표했다.

프라이머리대성당 앞에서 종이로 만든 노란 나비를 날리며 마르케스를 추모하는 주민들

콜롬비아에서 볼 수 있는 토종 나비들

아프리카 대륙 전역에 서식하는 나비는 약 4,000종인데, 콜롬비아 한 국가에 서식하는 나비 수가 한 대륙의 나비 수에 버금간다. 콜롬비아의 몇 배 면적인 유럽에 서식하는 나비는 약 500종에 불과하다.

종이 다양한 만큼 개체 수도 압도적으로 많다. 전 세계 나비의 20%가 콜롬비아에 서식하고 있으며, 나비에 있어 콜롬비아와 견줄 수 있는 나라는 아마존을 끼고 있는 페루와 에콰도르 정도다. 하지만 이들 국가에 서식하는 나비의 종을 체계적으로 정리한 보고서나 책은 세상에 나온 것이 없다.

생물학자들은 "200개에 달하는 토종 나비가 콜롬비아에서 사라진다면 그건 나비의 지구적 멸종을 의미한다"라고 말하면서 "생물다양성의 보호를 위해 국가적 차원에서 콜롬비아가 나서야 한다"고 강조했다.

현재 개간 등으로 밀림이 사라지면서 나비 종의 보존이 위협받고 있다. 2000~2019년 콜롬비아에서 사라진 밀림은 280만 ha에 이른다. 벨기에 국토와 맞먹는 면적의 밀림이 10년 새에 사라질 것으로 추산된다. 이것이 바로 전 세계가 콜롬비아에 지속적인 관심을 가져야 하는 또 하나의 이유다.

세계 최고의 에메랄드 생산지

콧대가 높기로 유명한 클레오파트라는 평소 에메랄드를 즐겨 착용했고, 이집트의 미라는 영생을 상징하는 에메랄드와 함께 묻혔다. 신대륙에 도착한 스페인 정복자들은 에메랄드의 크기와 색상, 품질에 깜짝 놀랐다. 상상했던 것보다 더 크고 아름다웠기 때문이다. 이 녹색 보석은 그들이 계속해서 찾아 헤매던 금보다 훨씬 더 가치가 있었는데, 유럽과 아시아의 왕족들이 왕관에 장식하는 보석으로 에메랄드를 사용했기 때문이다.

이 에메랄드 최대 생산국이 콜롬비아인데, 콜롬비아의 에메랄드 원석은 세계에서 두 번째 규모의 생산국인 잠비아 원석보다 3배 이상 비싸게 팔린다. 최고급이라는 뜻이다. 품질은 보통 색상(어두운 색이 가장 좋음), 선명도, 크기로 측정한다.

콜롬비아의 에메랄드는 대부분 보고타 북쪽의 보야카 주에서 채굴되고 보야카의 무조와 치보르, 코스케즈 등 고대 광산에서 나오는 것을 최고급

색상	청록색에서 황록색까지 다양함
주요 채굴 국가	콜롬비아, 브라질, 잠비아, 파키스탄, 아프가니스탄, 짐바브웨, 마다가스카르
크기	0.5~3캐럿으로 클수록 가치가 높고 비쌈
사용 가능한 모양	팔각형 스텝 컷이 가장 일반적인 에메랄드 컷으로 광채를 더하기 위해 일부 에메랄드는 바리온 또는 에메랄드 브릴리언트 컷으로 절단함
인성과 경도	모스 척도에서 7.5~8
가격	1~3캐럿의 경우 1캐럿당 최대 1만 달러를 호가함

에메랄드에 대한 정보

원석으로 친다. 산탄데르 공원 북쪽에 위치한 무제오 델 라 에스메랄드Museo de la Esmeralda, 즉 에메랄드박물관에는 지질학에서 절단 과정에 이르기까지 에메랄드의 모든 것이 망라되어 있다.

에메랄드는 짙은 녹색을 띠며 다이아몬드, 루비, 사파이어보다 재질이 훨씬 부드럽다. 대부분의 에메랄드에는 기름, 수지, 화학물질로 채워진 작은 균열이 있지만 극소수의 에메랄드에는 균열이 없다. 작은 공기주머니나 돌 내부의 미세한 고체 조각 탓에 재질이 다소 약해질 수 있다. 같은 이유로 스톤 표면 전체에 미세한 균열이 있다 보니 컷팅된 에메랄드는 보통 오일 처리를 해서 틈새를 메우고 굴절을 부드럽게 만든다.

고대인들은 에메랄드를 봄의 정수로 여겼고, 사랑과 새 생명을 상징하는 보석이며 중생의 상징이라고 믿었다. 전설에 따르면 에메랄드는 결혼 생활을 지켜주고 다산을 가능하게 해준다. 고대 로마인들은 에메랄드의 힘을 사랑의 여신 비너스와 연관 지었고, 과거 수많은 구도자들은 성배가 에메랄드로 조각되었다고 믿었다.

과거 남아메리카는 보석의 엘도라도로 통했다. 콜롬비아는 세계 최고의 에메랄드 생산지이고 브라질은 아쿠아마린Aquamarine, 전기석, 토파즈, 자수정, 황수정, 알렉산드라이트Alexandrite, 에메랄드 등 수많은 보석의 생산지다.

여담이지만 알렉산드라이트, 파파라치아 사파이어와 함께 세계 3대 희귀석으로 불리는 '파라이바 토르말린'이 1989년 브라질 파라이바 주에서 처음 발견되었다. 파라이바 토르말린은 '환상의 보석'이라는 별명에 걸맞게 1캐럿당 수만 달러를 호가한다.

콜롬비아 광부의 손에 놓인 에메랄드

COLOMBIA

chapter 3

콜롬비아가 낳은
위대한 예술가

콜롬비아 문학계의 대부, 가브리엘 가르시아 마르케스

콜롬비아 미술계의 거장이 페르난도 보테로^{Fernando Botero}라면 문학계의 대부는 가브리엘 가르시아 마르케스^{Gabriel García Márquez}다. 마르케스는 저널리스트로 활동하면서 소설을 썼다. 부패한 콜롬비아 정치와 가난과 폭력에 찌든 콜롬비아 사회에 대한 비판적 시각이 그의 사고를 지배하고 있었으며, 이는 좌파 정치운동에 적극적으로 참여한 동기가 되었다.

초기 생애와 초기 작품

마르케스는 1927년 콜롬비아 카리브해 연안에 있는 작은 도시 아라카타카에서 12남매 중 장남으로 태어났다. 어린 시절 외조부모에게 맡겨졌고, 카리브해의 소년답게 어릴 때부터 자유로운 영혼과 반항아적 기질을 보였다.

1946년 지파키아에서 고등학교를 졸업한 후 보고타에 있는 콜롬비아국립대학과 카르타헤나대학에서 법학과 저널리즘을 공부했다. 1948년 가족과 카르타헤나로 이주하고 나서 『엘 우니베르살』에서 저널리스트로 일했다.

카리브해 연안의 축제 도시 바랑키야, 콜롬비아의 수도 보고타 등지에서도 일했다. 그는 해 보지 않은 일, 안 가져 본 직업이 없었고 군에 입대해 생사를 가르는 전투에도 참여했다.

친구의 권유로 1954년 콜롬비아 전국 단편소설 대회에 응모해 「토요일 하루 뒤」로 국가문학상을 수상했다. 전업 작가가 아닌 초보 소설가로서는 대단한 성과가 아닐 수 없었다. 마르케스를 일약 콜롬비아의 촉망받는 작가로 만든 작품은 1955년에 발표한 「낙엽La hojarasca」이다. 마르케스 문체의 특징인 환상과 현실(리얼리즘)의 조화로운 결합이 구현되어 걸작이라는 찬사를 받았다. 「낙엽」은 이후 다른 소설에 등장하는 가상의 마을 '마콘도Macondo'가 처음 드러난 작품이기도 하다. 1962년 단편소설 『불길한 시간』으로 콜롬비아에서 가장 권위 있는 에소문학상을 수상했다.

저널리스트, 마르케스

마르케스는 1955년 카리브해에서 10일간 표류한 콜롬비아인 선원의 고통스러운 체험에 대한 기사를 통해 해군의 문제점을 강하게 지적했다. 이 기사에 해군 수뇌부가 격노했고, 그 여파로 신문사는 문을 닫아야 했다. 당시 콜롬비아의 실권자 구스타프 로하스 피니야 장군은 국민 경제가 파탄지경인데도 권력을 이용해 밀수까지 손을 대는 등 사적 이익 챙기기에 바빴다. 그러자 마르케스는 피니야 장군의 축재와 밀수 비리 폭로 기사를 작성했다. 이 일로 그는 국외로 추방되었고, 파리 특파원직도 그만두어야 했다.

1950년대 말 마르케스는 보고타의 일간지 『에스펙타도르El Espectador』에서 뉴욕, 로마, 파리, 멕시코시티 주재 외신특파원으로, 1965년까지 콜롬비아, 프랑스, 베네수엘라, 미국, 멕시코 등지에서 언론인으로 일했다. 멕시코시티에 거주하면서 시나리오 작가, 저널리스트, 출판업자로 다양한 일을 했으며 광고 회사에도 다니고 영화 대본도 썼다.

1958년 국가를 위해 싸웠으나 모든 사람의 기억에서 지워진 늙은 퇴역 군인의 이야기를 다룬 소설 『아무도 대령에게 편지하지 않았다El coronel no tiene quien le escriba』를 잡지에 연재하기 시작했는데, 이 작품은 여러 나라에서 절찬리에 판매되었다. 그해 마르케스는 베네수엘라 카라카스에서 저널리스트로 일하고 있었는데 이듬해 쿠바혁명이 성공하자 중남미 뉴스를 전하는 쿠바 언론 매체 『프렌사라티나』에 들어갔다.

콜롬비아의 피니야 장군이 실각한 후에도 마르케스는 고국으로 돌아가지 않고 카스트로가 집권한 멕시코로 건너갔다. 멕시코에서 단편집 『마마 그란데의 장례식Los funerales de la Mamá Grande』을 출간하고 마콘도에서의 정치적 억압을 묘사한 『암흑의 시대La mala hora』(1962년)를 내놓았다.

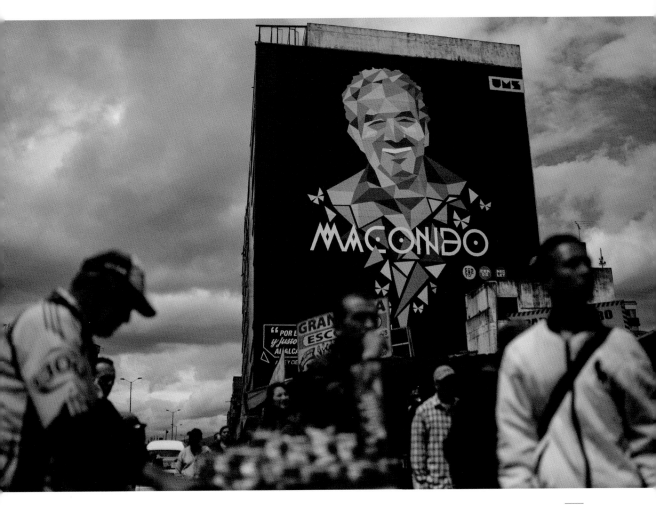

마르케스 추모 벽화

1970년 콜롬비아 정부로부터 바르셀로나 주재 영사직을 제안받기도 했으나 정치적 이유로 거절했다. 연작 소설 『푸른 개의 눈Ojos de perro azul』(1972년)을 출간한 뒤 1973년 스페인의 항구도시 바르셀로나에 거주하며 집필 활동에 몰두했으며, 라틴아메리카 군부 독재자를 풍자한 『족장族長의 가을El otono del patriaca』(1975년)을 썼다.

1980년대 초 좌익 정치 노선을 지지했는데, 콜롬비아와 미국은 반정부 성향을 보인 마르케스에게 수차례 여행 제한 조치를 내렸다. 마르케스는 라틴아메리카 소도시를 배경으로 명예를 위해 저지른 살인 사건을 다룬 『예고된 죽음의 연대기Cronica de una muerte anunciada』(1981년)를 썼다. 당시 쿠바에서 무기를 받아 콜롬비아 좌익 게릴라들에게 공급해 준다는 혐의로 수사를 받게 되자 멕시코로 망명했다.

마술적 사실주의의 창시자

멕시코에 처음 체류했을 때 집필을 시작한 마르케스의 대표작인 『백년의 고독Cien anos de soledad』은 1982년에 출간되었다. 1985년에는 『콜레라 시대의 사랑』, 1989년에는 『미로 속의 장군』이 출간되었다. 1992년 콜롬비아로 귀국해 폐암 수술을 받았고 『이방의 순례자들』 『사랑과 다른 악마들』 『납치일기』 등을 발표했다. 1998년 평생의 꿈인 잡지사를 인수해서 운영하기 시작했는데 안타깝게도 이듬해에 림프암 진단을 받았다.

세계 문인들로부터 '마술적 사실주의의 창시자'라는 헌사를 받은 마르케스는 2014년 4월 17일 향년 87세로 타계했다. 후안 마누엘 산토스 전 콜롬비아 대통령은 "콜롬비아 출신 거장의 죽음에 천년의 고독과 슬픔이 느껴진다"라고 그의 죽음을 애도했다.

문학평론가들은 마르케스를 호르헤 루이스 보르헤스, 아르호 카르펜티에르, 카를로스 푸엔테스, 마리오 바르가스 요사, 훌리오 코르타사르와 함께 20세기 남미의 위대한 작가 가운데 한 명으로 꼽는다.

영원한 반항아

"좋은 소설은 운명적으로 비순응적이다. 따라서 반드시 반항적 성격을 지니고 있기 마련이다. 나는 항상 그래 왔다. 또한 영원히 그럴 것이다."

어려서부터 반항적 기질이 강했던 마르케스는 신문기자로 일하면서 사회의 부조리를 다룬 폭로 기사를 많이 썼다. 평소 그의 지론은 어떤 소설이든 정치적 이유를 가져야 한다는 것이었다. 젊은 층에서 봤을 때는 마르케스가 카스트로를 지지하는 것으로 오인하는 단초가 되었다. 그러나 마르케스의 진의는 정치적 후진성을 극복하지 못한 라틴아메리카 국가들이 지성에 바탕을 둔 사실주의를 통해 라틴아메리카의 구조적 문제를 똑바로 인식하자는 데 방점이 찍혀 있다.

콜롬비아는 백주대낮 거리에서 총알이 난사되는 일이 비일비재한 무법천지였다. 1959년 카리브해에 카스트로가 등장하자 라틴아메리카 곳곳에서는 질서 파괴가 미화되었다. 일부 정치 지향성을 표방한 환상적 영웅주의의 탓도 있었다. 마르케스는 자신의 작품에서 이런 시도를 부단히 반복했다.

마르케스가 작가가 되기로 결심한 것은 프란츠 카프카의 『변신』을 읽고 나서였다고 한다. 소설 속에서 일어난 일들이 현실에서 벌어질 수 있다고 봤던 그는 이런 이야기라면 자신이 훨씬 많이 알고 잘 쓸 수 있다고 생각했다. 이에 법학 공부를 때려치우고 본격적인 작가 수업에 돌입했는데, 그는 톨스토이와 도스토옙스키, 플로베르, 스탕달, 발자크 등 리얼리즘 작가를 특히 좋아했다. 『제3의 은퇴』『큰엄마의 장례식』『아무도 대령에게 편지하지 않았다』등 초기 작품에서는 카프카의 영향이 엿보인다.

청년 시절 마르케스에게 가장 큰 영향을 준 사람은 『백년의 고독』에서 '카탈란의 현자'로 묘사된 그의 문학적 스승 라몬 비녜스 교수였다. 비녜스 교수가 주재하는 소모임에서 마르케스는 제임스 조이스, 버지니아 울프, 존 스타인벡, 윌리엄 포크너 등 영미의 현대 작가들을 알게 되었다. 그중 그가 가장 매료된 작가는 윌리엄 포크너였다. 마르케스 자신이 노벨문학상 수상 연설에서 "소설가 윌리엄 포크너의 영향을 받았다"라고 공개하기도 했다.

철권통치를 고발한 콜롬비아의 솔제니친

마르케스는 반세기 동안 정치적 이유로 조국을 떠나 유럽을 비롯해 멕시코, 쿠바 등지로 떠돌아다녔다. 망명 작가로서 그는 '콜롬비아의 솔제니친'으로 불리기도 했다. 그는 노벨문학상 수상 연설에서 전 세계를 향해 "스페인의 식민 지배, 제국주의 열강의 침탈, 식민 지배로부터 독립한 후에는 미국의 지원을 받는 독재자들의 철권통치를 겪어야 했던 남미인들은 고독하다"라고 외쳤다.

멕시코시티에 망명해 살았던 마르케스의 일과는 5시 기상, 독서 2시간, 테니스 1시간, 오후 늦게까지 글 쓰는 작업 등 판에 박은 듯했다. 부인 메르세데스 바르차와 사이에는 두 아들이 있었다. 그는 언론에 거의 모습을 나타내지 않기로 유명했다. 또한 한 작품을 끝내고 다른 작품을 시작하는 중간에 휴식을 취하지 않았는데 "손의 열기가 식지 않도록 하기 위해서다". 손이 식은 작가는 살아 있다고 할 수 없다는 게 그의 지론이었다.

마르케스는 비교적 젊은 55세에 노벨문학상을 수상했다. 평론가들은 『백년의 고독』에서 사용된 '마술적 사실주의'가 21세기 문학이 가야 할 길을 알려준다고 말했다. 사실 의미적 측면에서 볼 때 '마술적'과 '사실주의'는 상호 모순적이다. 마술적 사실주의는 마술과 현실 간의 논리적 경계를 허물어 버리는데, 그는 유럽 문학과 미국 문학의 무기력하고 폐쇄적인 분위기에서 벗어나 역사적으로 중요한 상황을 완벽하게 그려내고자 노력했다.

백년의 고독

『백년의 고독』의 전개는 기상천외하고 환상적 사실이 바탕이 되었다. 언뜻 보기에는 환상적이지만 그 내용은 현실성이 두드러진다. 이 작품은 호세 아르카디오 부엔디아와 그의 사촌 여동생 우르술라와의 근친상간적 결혼 생활에서 시작된다. 그들은 남미의 처녀림 속에 새로운 마을 마콘도를 건설하려고 한다. 이 원시적 마을은 물질문명의 혜택을 누리는 번화한 도시로 발전했다가 무지개처럼 하루아침에 사라지고 만다. 이 환상적 무대에서 고독을 운명적으로 타고난 한 집안의 백 년 역사가 시작된다. 이는 콜롬비아의 실제 역사인 동시에 인류가 체험하는 신화와 전설을 표현한 것이다.

마르케스는 가상의 마을 마콘도를 배경으로 마술적 사실주의와 초자연주의 요소를 결합한 독특한 세계를 복잡한 캐릭터와 매혹적인 줄거리, 아름다운 문체를 통해 창조했다. 특히 현실과 환상, 역사와 설화, 객관과 주관이 뒤섞여 있는 혼돈 가운데서도 마술적 사실주의 기법을 통해 라틴아메리카의 정치적·사회적 현실을 드러냈다. 예를 들어 의문의 죽음을 당한 호세 아르카디오의 피가 그의 집을 빠져나와 우르술라가 있는 곳까지 이르는 장면, 미녀 레메 디오스가 작별을 고하며 침대 덮개를 잡고 하늘로 올라가는 장면, 이사벨 신부가 공중으로 떠오르는 장면, 이미 죽은 사람들이 산 사람처럼 나타나고 마지막에 돼지 꼬리가 달린 아우렐리아노가 태어나 개미 떼에게 끌려감으로써 부엔디아 집안에 내려진 고독의 역사가 끝나는 장면 등 비현실적이고 공상적인 에피소드가 현실적 요소와 뒤섞여 있다.

작가 밀란 쿤데라는 "소설의 종말에 대해 말하는 것은 서구작가들의 기우에 지나지 않는다. 책꽂이에 마르케스가 쓴 『백년의 고독』을 꽂아 놓고 어떻게 소설의 죽음을 말할 수 있단 말인가!"라고 이야기했다. 밀란 쿤데라의 말에 전적으로 동의한다. 이 책을 쓰면서 나 역시 마르케스의 소설 세계에 흠뻑 빠져든 것은 하나의 덤이었다.

무엇보다 마술적 사실주의를 가장 잘 드러낸 에피소드는 바나나 농장 사건이다. 마르케스는 환상에 역사적 현실을 가미함으로써 제3의 현실을 창조했다. 『백년의 고독』에 나오는 바나나 농장의 참살극은 실제로 13명이 죽었는데 3,000명으로 과장했다. 이런 과장에 대해 마르케스는 "백 년 후에는

3,000명이라는 환상의 숫자가 역사적 숫자로 믿어지고 13명이라는 역사적 숫자는 환상의 숫자로 퇴색할 것이다"라고 말했다. 바나나 농장 사건은 마술적인 것의 핵심이 3,000명이 죽은 역사적 사건이 아니라 정부와 바나나 회사가 공식적으로 마을 사람들에게 이 사건을 잊게 하려고 한 것임을 보여준다. 마술적 사실주의가 이룬 승리 가운데 하나는 정치와 역사의 해석을

환상적이며 사실적으로 통합했다는 것이다.

마르케스는 마술적 사실주의를 통해 개인적 문제와 사회적 문제를 성공적으로 통합했다. 여기서 개인적인 것은 가족, 성적 욕망, 낭만적 사랑 등을 말한다. 사회적인 것은 전쟁, 반란, 파업, 억압 등을 말한다. 마르케스의 작품에서 사회적 영역과 개인적 영역은 분리되지 않은 채 서로 연결되고 뒤엉켜 있다. 그렇게 사회가 발전하고, 사회적 발전은 개인의 삶에 다시 영향을 미친다는 것이다.

이 작품은 구상부터 완성까지 15년이 걸렸다. 마르케스는 외조부모 밑에서 성장했는데, 외할머니는 미신을 믿고 신비한 것을 좋아해 어린 손주에게 죽은 사람이나 죽음의 신을 살아 있는 것처럼 이야기해 주었다. 외할머니는 마르케스에게 환상과 사실이 교차하는 이야기들을 들려주었고, 외할머니의 이야기에서 영감을 받은 마르케스는 『백년의 고독』을 탈고할 수 있었다.

『백년의 고독』은 그에게 문학적 성취와 더불어 상업적 성공도 가져다줬다. 30여 개국 언어로 번역되어 2,000만 부 이상 판매되었으며, 라틴아메리카는 물론 세계 문학사에서 가장 중요한 작품 가운데 하나로 인정받고 있다. 카뮈 『이방인』의 뒤를 잇는 초대형 베스트셀러이자 마르케스를 콜롬비아의 세르반테스 반열에 올려놓은 작품이기도 하다.

납치된 언론인들의 공포

다음은 『납치일기』 서문에 나오는 글이다.

"정직한 사람들보다는 범죄자가 더 잘살 수 있다는 생각이 사회 전체에 만연해 있다. 이 책을 유죄이면서도 무죄인 콜롬비아인 모두에게 바친다."

『납치일기』는 콜롬비아 최대 마약 조직인 메데인 카르텔에 193일간 납치된 언론인들이 겪었던 공포에 대한 기록이다. 마르케스는 메데인 카르텔의 두목과 정부 간의 이 치열한 싸움을 긴박한 납치극으로 그려냈다. 1990년 8월부터 1991년 6월까지 콜롬비아에서 일어난 실제 납치 사건을 소재로 했다. 20년 이상 콜롬비아를 좀먹은 대학살, 즉 범죄와 부패에 대한 증언이다. 납치된 인질들의 이야기는 하루에 20여 건의 살인 사건이 발생하고, 나흘에 한 번꼴로 대량 학살이 벌어지고, 한 달이면 500명의 경찰관이 목숨을 잃는 폭력의 땅에서 '폭력을 극복하는 길'이 무엇인지를 묻고 있다.

이 작품에서 마르케스는 사실적 리얼리즘의 정수를 보여준다. 1940년대부터 『에스펙타도르』 등 좌익 신문에서 기자로 일한 경험을 통해 다큐멘터리적 글쓰기에 관심이 많았던 마르케스의 새로운 모색이었다.

『납치일기』의 줄거리는 이렇다. 정부의 마약 규제법 제정에 반발하는 조직이 콜롬비아 전직 대통령 가문의 인사를 포함해 10명의 무고한 사람을 납

146

치한다. 영문도 모른 채 인질이 된 사람들은 복면을 쓴 경비병들의 경계 속에서 죽음의 공포와 싸운다. 마르케스는 독재자가 민중을 억압하는 것이 전부가 아니라고 본다. 이 작품을 통해 그는 선과 악, 정의와 불의를 구별하지 못하고 일확천금의 미몽에 빠져 사는 콜롬비아인 전체가 중병에 걸려 있다고 지적한다.

절필 선언과 라틴아메리카를 위한 투쟁

1976년 마르케스는 멕시코로 이주했다. 당시 그는 독재자 아우구스토 피노체트가 칠레의 정권을 잡고 있는 이상 더는 소설을 출판하지 않겠다고 선언했다. 피노체트는 미국의 지원을 받아 1973년 민주적으로 선출된 칠레의 사회주의 정부인 아옌데 정권을 군사쿠데타로 전복하고 쿠데타 기간에만 3만여 명의 시민을 학살했다. 스페인내전 당시 첼리스트 파블로 카잘스^{Pablo Casals}가 "독재자 프랑코 정권이 집권하는 동안에는 스페인에서 연주하지 않겠다"라고 선언한 일화와 비슷하다.

마르케스는 피노체트가 쿠데타를 일으켰을 때 "칠레 민중은 미 제국주의의 하수인인 범죄자 집단이 통치하도록 허락하지 않을 것이다"라고 쓴 글을 칠레 군부에 보냈다. 이후 그는 정치적 활동에 전념했는데, 1979년 자유와 사회주의를 위해 투쟁했다는 이유로 구속된 사람들의 인권 회복을 위한 아

마르케스 추모전이 열린 제28회 멕시코 과달라하라 국제도서전

베아스^{Habeas} 재단을 창설했다. 콜롬비아에서 정치적 이유로 구속된 수감자 석방 운동에 앞장서며 고문자를 고발했고, 아르헨티나에서 실종된 사람들을 위한 활동에도 적극적으로 나섰다.

1980년대 미국 레이건 정부가 들어서고 전 세계적으로 정치적 반동이 극에 달했는데, 엘살바도르에서는 로메로 주교가 군부에 의해 암살당하는 사건이 발생했다. 그러자 마르케스는 1981년 4월 "피노체트 정권이 무너지지 않는 한 소설을 출판하지 않겠다"는 약속을 깨고 명예 회복을 위해 살인을 저지른 자와 예고된 살인을 방조한 사람들의 이야기를 다룬 『예고된 죽음의 연대기』를 출판했다.

소설을 파기하라

마르케스의 마지막 소설은 사후 10년이 지나 출간되었다. 유작을 집필할 당시 마르케스는 안타깝게도 치매에 걸렸고, 작품을 완성하기 위해 무던히 노력했으나 뜻대로 되지 않았다. 작품성을 의심한 그는 "소설을 파기하라"고 지시했지만 두 아들은 그럴 생각이 없었던 모양이다. 아버지의 뜻과 상관없이 2024년 3월 『8월에 만나요』가 출간된 것을 보면 말이다. 문제는 마르케스의 걱정이 기우가 아니었다는 것이다. 그의 염려대로 『8월에 만나요』는 노벨문학상 수상 작가의 격에 맞지 않는다는 평을 받고 있다.

자신이 죽으면 작품을 태워 없애 달라고 부탁한 프란츠 카프카의 유언을 거스르고 그의 작품을 사후 출간한 막스 브로드와 마르케스의 두 아들이 종종 비교되기도 하는데, 속내를 들여다보면 질적으로 다른 사정임을 알 수 있다. 마르케스는 치매라는 병으로 말미암아 스스로 작품성이 부족하다고 판단해 파기를 부탁한 것이다.

『백년의 고독』을 통해 마르케스의 세계관에 매료되어 그의 전작을 다 읽은 나 같은 독자에게 『8월에 만나요』는 실망스러운 각주이며, 사족이지 싶다. 그럼에도 그가 마술적 사실주의를 탄생시킨 천재 작가라는 평가는 퇴색되지 않을 것이다.

남미의 피카소,
페르난도 보테로

콜롬비아가 자랑하는 화가 페르난도 보테로Fernando Botero는 한 다큐멘터리에서 자신의 화풍에 대해 다음과 같이 언급했다.

"뚱뚱한 여자들을 그리는 게 아니에요. 남자와 동물, 풍경, 과일의 관능적 느낌을 표현하는 거예요. 그런 풍만함과 넉넉함이 좋은 거죠. 현실은 상당히 메말라 있으니까요."

'남미의 피카소' '행복한 뚱보들의 작가'로 불린 보테로는 라틴아메리카에서 가장 유명한 화가이자 조각가다. 콜롬비아의 수도 보고타시는 2022년을 '보테로의 해'로 지정했다.

보테로는 풍선처럼 한껏 부풀려진 인간과 동물 그림, 조각으로 유명하다. 이는 '보테리스모Boterismo(보테리즘)'로 정의되는데, 그 특징은 다음과 같다. 인간의 얼굴과 몸을 실제보다 과장된 볼륨감으로 그린다. 눈과 코, 입은 작고 볼살은 도톰하고 몸은 뚱뚱하고 우스꽝스러운 표정의 얼굴은 웃음을 부른

뚱뚱한 인물과 사물	인물과 동물, 사물 등을 특징적으로 뚱뚱하게 그림
곡선과 굵은 윤곽	굵은 윤곽선과 곡선을 통해 인물과 사물의 부피와 형태를 강조하는데, 이를 통해 뚱뚱한 모습을 부각시키고 독특한 감각을 부여함
차분한 분위기	고요하고 평온한 분위기가 과장된 형태, 부피와 대조를 이룸
다양한 주제	폭력, 전쟁, 부패 등 사회적·정치적 이슈를 풍자적·비판적으로 다루면서 사회적 메시지를 냄

보테리스모의 특징

다. 비례에 대한 상식을 뒤집어 새로운 시각으로 세상을 바라보게 한다.

독재자, 날렵한 발을 가진 무용수, 개, 새 등 다양한 작품을 선보인 그는 희화화한 모습으로 삶의 단면을 표현함으로써 숨겨진 희망을 발견하게 하고, 라틴아메리카에서 흔히 목격되는 폭력적 현실을 해학으로 풀어냈다는 평가를 받고 있다. 이는 남녀노소 가리지 않고 보테로의 작품을 좋아하는 이유이기도 하다.

초기 생애

1932년 4월 19일 콜롬비아의 메데인에서 가난한 집안의 아들로 태어났다. 아버지는 노새를 타고 이 도시 저 도시를 돌아다니는 상인이었고 어머니는 삯바느질로 집안 살림을 이어갔다. 삼촌의 권유로 수년간 투우사 양성

2019년 2월 19일 페르난도 보테로의 모습, 마드리드

학교를 다녔지만 보테로의 관심은 오로지 미술에 있었다. 투우장 인근 상점에 투우를 그린 수채화를 팔아 생계에 보태면서 미술에 빠져들었다. 10대 시절 그는 콜럼버스 시대 이전과 스페인 식민지시대의 예술 그리고 멕시코 화가 디에고 리베라Diego Rivera의 정치적 작품에서 영감을 얻었다. 1948년에는 일러스트레이터로 활동하기도 했다.

1951년 콜롬비아의 수도 보고타로 이주해 첫 개인 회화 전시회를 열었다. 20세 무렵 유럽으로 건너가 다양한 예술 흐름과 작품을 접하게 되었다. 프랑스 파리를 비롯해 프란시스코 고야Francisco Goya와 디에고 벨라스케스Diego Velázquez를 낳은 스페인 마드리드에서 르네상스와 바로크 시대의 작품을 공부했다. 이 시기에 그는 프라도미술관에 소장된 거장들의 그림을 모사해 관광객에게 판매하며 생계를 꾸렸다.

고르다와 고르도 컬렉션

15세기 이탈리아 화가 피에로 델라 프란체스카Piero della Francesca의 독창적인 화풍은 보테로에게 충격과 감동을 주었다. 그러나 그는 르네상스를 답습하지 않고 비율과 크기의 실험을 통해 '풍성함Fullness'을 선택함으로써 인물의 거대하고 외설적 곡선미를 부각시켰다. 또한 누구나 쉽게 알아볼 수 있는 스타일을 발전시켰다. 그 결과 고르다와 고르도(뚱뚱한 여성과 남성) 컬렉션을

〈모나리자, 열두 살〉

만들어냈다. 모나리자, 비너스, 마리 앙투아네트도 모두 '뚱보'의 모습으로 재탄생시켜 길고 날씬한 것만이 미의 기준이 아니라는 것을 보여줬다. 그러다가 〈만돌린이 있는 정물Still Life with Mandolin〉(1956년)로 아트 뉴스 인터내셔널 콩쿠르에서 본상을 수상하며 국제적인 주목을 받게 되었다. '만돌린'은 보테로를 설명하는 키워드 가운데 하나로, 몸통이 동그란 악기 만돌린을 그리다가 영감을 얻어 자신만의 스타일을 구축했다.

1960년 뉴욕으로 이주한 보테로는 둥글고 풍만한 인간과 동물의 묘사를 발전시켰다. 라틴아메리카 민속 예술을 참고해 평평하고 밝은 색상과 대담하게 윤곽이 잡힌 형태를 그렸다. 그중 레오나르도 다빈치의 〈모나리자〉를 패러디한 〈모나리자, 열두 살〉(1959년)은 백미로 꼽힌다. 1963년 뉴욕 현대미술관에서 작품을 전시했을 때 엄청난 인파가 몰리면서 스타 화가의 탄생을 알렸다. 그 외에도 카라바조, 반 고흐 등 미술 거장들의 작품을 패러디한 작품을 여럿 남겼다.

둥근 형태의 독특한 현대 회화 스타일을 확립해 나가는 보테로를 향해 일부 비평가는 "단순하게 뚱보로만 그리는 건 예술이 아니다. 즐거움만을 강조하는 예술은 매춘이다"라고 공격했다. 이에 보테로는 "모든 예술은 고단

한 삶을 살아가는 이들을 위한 오아시스여야 한다. 비평가들이 그걸 매춘이라고 부른다면 내 작품은 매춘이 맞다"라고 대답하며 어렵고 난해한 것만 예술이라고 믿는 이들에게 일갈했다. 그는 〈대통령 가족〉(1967년)에서처럼 붓질과 질감이 드러나지 않는 매끄러운 느낌을 선호했는데, 이 작품의 부풀려진 인물 비율은 정치적 풍자를 암시한다.

갈등의 현장을 찾는 예술가

1973년 파리로 돌아온 보테로는 캔버스 작품과 그의 회화적 관심사를 확장한 조각에 몰두했다. 1990년대에는 〈로마 병사〉〈왼손〉 등 기념비적인 청동 조각작품의 야외 전시회를 성공적으로 개최했다. 그리고 바람둥이 제우스가 유로파를 범하는 그리스 신화의 이야기를 패러디한 브론즈 작품 〈유로파의 강탈〉 등의 작품을 내놓으며 명성을 쌓아갔다.

보테로는 그림을 통해 사회적 불평등과 정치적 부조리를 고발하고 전쟁, 폭력, 부패 등 각종 이슈에 대해 비판적 메시지를 내는 데 주저하지 않았다. 그래서 갈등의 현장을 직접 찾아가 그 모습을 작품에 담아냈는데, 이는 "좋은 예술가는 해답을 찾지만, 위대한 예술가는 문제를 찾는다"라는 예술관에 따른 것이었다.

〈전쟁의 새와 평화의 새〉

전쟁의 새와 평화의 새

보테로는 조각상 〈뚱뚱한 비둘기〉를 고향 메데인에 기부했다. 마약 카르텔이 득세하고 폭력이 온 도시에서 만연해 있는 메데인에 조금이나마 숨통을 터 주자는 의도였다. 그런데 1995년 6월 10일 마약 카르텔이 이 비둘기 조각상에 폭탄을 설치해 25명이 숨지고 비둘기 조각상이 파괴되었다. 이에 보테르는 파괴된 비둘기 조각상 옆에 평화의 비둘기 조각상을 하나 더 만들어 기증하겠다고 밝혔는데, 〈전쟁의 새와 평화의 새〉는 콜롬비아 국민이 전쟁과 평화의 상징을 한눈에 볼 수 있도록 한다는 취지였다.

2003년 미군이 아부그라이브수용소에서 이라크 수감자들을 상대로 고문 등 포로를 학대하는 장면을 생생하게 고발하는 그림과 드로잉을 시리즈로 제작했다. 2005년에는 〈아부그라이브의 학살〉이라는 제목으로 이라크판 '게르니카'를 완성했다. 〈게르니카〉는 파블로 피카소의 걸작 가운데 하나로, 스페인 바스크 지방 소도시 게르니카가 나치 독일 공군기에 의해 무차별 폭격을 받아 폐허가 된 현장을 담고 있다.

보테로는 외신과의 인터뷰에서 "전 세계가 폭력과 만행이 무참하게 짓밟고 지나간 현장을 잊지 말자는 뜻에서 그림을 그렸다. 만약 피카소가 없었다면 누가 게르니카의 학살을 지금까지 기억하고 있겠는가"라며 이 작품을 판매하지 않고 박물관에 기증했다. 더 많은 사람이 고통의 기억을 공유하도록 하기 위해서다.

화가로서의 에피소드

보테로의 예술적 철학과 경로를 알 수 있는 상징적 에피소드 몇 개를 살펴보도록 하자. 이는 그의 작품과 행보를 이해하는데 많은 도움을 줄 것이다. 원래 아는 만큼 보이고 보는 만큼 느끼는 법이다.

• 어린 시절 선생님의 머리를 그린 그림: 보테로가 자신의 독특한 스타일을 발견하게 된 계기는 어린 시절의 경험과 연결된다. 어릴 때 선생님을 그릴 기회가 있었는데 선생님의 머리를 크게 그렸다고 한다. 이를 본 선생님이 그림의 비율이 맞지 않는다고 지적하자 보테로는 자신이 보는 각도에서 선생님의 머리가 정말로 크게 보였다고 대답했다. 이런 경험을 통해 그는 자신만의 스타일을 찾게 되었다고 한다.

• 볼륨감 넘치는 스타일의 이유: 일부 비평가나 관객은 보테로의 볼륨감 넘치는 스타일을 코믹하게 해석한다. 그러나 보테로는 그의 스타일이 성적이거나 풍자적 의도를 가진 것이 아니라 '감성적 볼륨'과 '고요한

감정'을 표현하기 위한 방법이라고 설명했다.

• 불행한 모나리자: 뚱뚱한 버전의 모나리자는 보테로의 대표작 가운데 하나다. 특유의 스타일로 재해석해 대중의 큰 관심을 받았던 이 작품은 도난당했다가 다행스럽게도 몇 년 후에 발견되었다. 작품을 다시 보게 된 그는 축하의 뜻으로 콜롬비아에 기증했다.

• 병든 새: 1970년대 중반 보테로는 자신의 아파트에서 다친 새를 발견하고 돌보게 되었는데, 그 시기에 많은 작품을 창작했다. 그중 하나가 〈병든 새〉다.

• 교통사고로 사망한 아들: 보테로의 화풍은 유쾌하지만 묵직한 주제를 가진 작품이 많다. 〈말을 탄 페드로〉가 대표적이다. 어린 아이가 목마를 타는 모습, 원숭이와 노는 모습 등에 입꼬리가 절로 올라가다가 그 속사정을 알고 보면 슬픔에 잠기게 된다. 천진난만한 페드로는 아버지와 함께 차를 타고 가다가 4세 때 교통사고로 숨진 보테로의 어린 아들이다. 아이를 먼저 떠나보낸 부모들은 그 그림을 보며 눈물을 흘리게 되고, 이 작품을 통해 카타르시스를 느끼고 위로를 받는다.

다작의 작가

'남미의 피카소'로 불리는 보테로는 1만 3,500여 점의 작품을 남긴 피카소만큼은 아니지만 3,000여 점의 작품을 남긴 다작의 작가로 그림과 조각, 드로잉 등 다양한 분야에서 왕성하게 활동했다. 그의 생애와 예술적 업적은 콜롬비아와 라틴아메리카 예술의 발전과 현대 미술의 영토 확장에 크게 기여했다.

2000년대 초 보테로는 많은 작품을 보고타 볼리바르 광장에 있는 무세오 보테로(보테로박물관)에 기증해서 누구나 볼 수 있도록 했다. 이 박물관에는 보테로가 직접 그린 그림과 조각 123점이 전시되어 있는데, 박물관 입구에서 거대한 손이 관람객을 맞이한다. 전시실에는 보테로가 그린 화가 폴 세잔Paul Cézanne과 귀스타브 쿠르베Gustave Courbet의 초상화 사이에 손 그리는 방법을 보여주는 스케치도 있다.

열정적 수집가였던 보테로는 영국 표현주의 화가 프랜시스 베이컨, 파블로 피카소, 마르크 샤갈, 호안 미로 등의 명작 수백 점과 인상주의와 현대 미술을 대표하는 예술가들이 남긴 방대한 작품 컬렉션을 기증했다. 그가 내건 기증의 조건은 "누구에게나 무료로 개방해야 한다"는 것이었다. 2000년에 개관한 보테로박물관은 그의 뜻에 따라 입장료를 받지 않는다. 콜롬비아를 방문하는 사람이라면 한 번쯤 가 볼 만한 곳으로 전 세계 관광객의 발길이 끊이지 않는 명소다.

콜롬비아의 별이 지다

보테로는 폐렴 등 지병을 앓다가 모나코 자택에서 2023년 9월 15일(현지시각) 91세의 나이로 별세했다. 구스타보 페트로 전 콜롬비아 대통령은 당일 소셜미디어에 "우리의 전통과 결점을 아우른 미덕의 화가 보테로가 세상을 떠났다"라고 조사를 했다. 고향인 메데인시는 7일간 애도 기간을 선포했는데, 다니엘 퀸테로 메데인 시장은 "보테로의 걸작은 도시에 계속 전시될 것이다"라고 하면서 "그는 그곳에서 영원히 살아 있을 것이다"라고 말했다.

COLOMBIA ——————————

chapter 4

콜롬비아,
어디까지 가 봤니?

보고타 Bogotá

"보고타를 보고 첫눈에 반하는 경우는 드물다. 하지만 며칠 머물다 보면 묘한 매력에 빠져들게 될 것이다. 마치 마법처럼 말이다."

보고타는 콜롬비아의 수도이자 쿤디나마르카 주의 주도로 정식 명칭은 보고타D.C.다. 콜롬비아 최대 도시로 정치, 경제, 문화의 중심지이기도 하다. 콜롬비아를 찾는 여행자라면 싫든 좋든 보고타를 거칠 수밖에 없다. 전 세계 수도 가운데 세 번째로 높은 지대에 있는데, 안데스산맥 기슭 해발 2,600m의 비옥한 고원지대에 자리한다.

보고타의 역사

보고타는 원래 무이스카어로 바카타Bacatá라고 불렸는데, 이스카족 남부 연맹의 최고 추장 지파가 살던 곳이었다. 1538년 스페인 정복자 곤살로 히메네스 데 케사다가 무이스카족을 물리치고 바카타를 정복했고, 그뒤로 유럽인이 정착하기 시작했다. 스페인에서 케사다 출생지인 산타페와 인도 이름인 바카타를 합쳐 '산타페 데 바카타'라고 불리기도 했다.

1810~1811년 보고타 시민들은 스페인에 대항해 반란을 일으켰다. 1819년 시몬 볼리바르가 보야카 전투에서 승리하고 1821년 독립할 때까지 스페인 충성파와 싸웠다. 독립 후 보고타는 현재의 베네수엘라, 에콰도르, 파나마, 콜롬비아공화국을 포함하는 그란콜롬비아 연방의 수도가 되었다. 1830년 연방이 해체되고 누에바그라나다의 수도로 남아 있다가 1886년 탄생한 콜롬비아공화국의 수도가 되었다.

1884년 보고타에는 트램 시스템이 도입되어 1948년까지 운행되었는데, 운행 마지막 해에 보고타소^{Bogotázo}로 알려진 폭력의 물결이 도시를 휩쓸었다. 폭동은 대중적 인기가 높았던 자유당 지도자 호르헤 엘리에세르 가이탄^{Jorge Eliécer Gaitán}의 암살로 시작되었다. 이로 인해 600명 이상의 시민이 사망하고 도심의 절반이 파괴되었다. 1958년 자유당과 보수당이 합의할 때까지 긴장 상태는 지속되었다.

20세기 후반에는 산업화와 내전으로 농촌 지역의 농민이 도시 남쪽의 빈민가로 대거 유입되면서 도시 북부의 부유한 사람이 모여 사는 지역과 대조를 이루었다. 약 800만 명의 인구가 거주하는 활기찬 도시로 성장했지만 빈부 격차가 여전히 크고, 교통 체증이 심하며, 범죄율도 높다. 비가 지속적으로 내려 도시민의 우울도가 높고, 이런 기후의 영향으로 일부 지역은 칙칙하다고 느껴질 정도다.

오늘날 보고타는 미국 타이어와 화학, 제약 산업의 본거지다. 또한 콜롬비아 항공 여행의 중심지이자 남미 최초의 상업 항공사인 아비앙카^{Aerovías Nacionales de Colombia}의 근거지로, 콜롬비아 주요 도시와 연결되어 있다.

또한 보고타는 식민지시대의 건축물과 미식 레스토랑, 시끌벅적한 밤문화가 숨 쉬고 있는 곳이다. 보고타의 서쪽은 리오보고타강, 동쪽은 몬세라테 산등성이가 자리하고 있다. 몬세라테산 꼭대기에는 보고타 시내 어디에서나 볼 수 있는 두 개의 교회가 있는데, 이 지역의 랜드마크로 유명하다.

현대의 보고타, 진화하는 도시

보고타에는 식민지시대의 건축물, 교회 등이 있으며 역사의 여명과 연결해 주는 박물관과 자갈길도 존재한다. 그리고 이런 고전적인 보고타에서 불과 몇 블록 떨어진 곳에는 또 다른 도시가 숨 쉬고 있다. 이 대도시는 수시로 공간을 재창조하고 예술, 문화, 패션, 미식을 기존과 전혀 다른 방식으로 경험하게 해준다.

보고타 국제아트페어

보고타에는 삶의 방식을 재창조한 전통적 동네도 존재한다. 예를 들어 산 펠리페는 10년 전만 해도 좁은 거리, 빵집, 작업장, 중앙 공원, 늦은 시간에 문을 여는 교회 등 보고타의 여느 동네와 다를 바 없는 곳이었다. 그러나 요즘 이곳에는 갤러리, 카페, 양조장, 바를 비롯해 문화, 예술, 미식을 즐길 수 있는 장소가 40개 이상 모여 있다.

2004년 보고타 국제아트페어가 시작되면서 이들 장소는 계속 성장했고 보고타가 새롭게 재정의되는 계기가 되었다. 새로운 예술 단체 활동, 설치, 공연, 임시 예술의 출현으로 콜롬비아의 수도는 단순하게 눈으로 보는 대상이 아니라 문화 체험이 가능한 국제적 대도시로 변모하고 있다.

한 달에 두 번 산 펠리페 나이트가 열리는 등 보고타의 밤은 언제나 생동감이 넘친다. 오후 6시가 되어 어두워지면 이 도시는 마지막 한 줄기 빛이 희미해지기 전에 조명을 켠다. 갤러리, 스튜디오, 카페, 레스토랑이 문을 여는 시간이다. 예술가들과 수집가들이 밤새워 대화를 나누고 의견을 교환한다. 이처럼 서킷(회로)이 만들어지면 시장과 길드는 강화된다.

미식, 문화, 패션의 아트서킷

보고타의 맛은 이곳의 거리를 걷는 사람만큼이나 다양하다. 이를 증명하듯 국제적 위상을 자랑하는 레스토랑이 여기저기 들어서 있다. 다채로운 색상의 주택이 특징인 라 마카레나에는 전통적 레스토랑뿐 아니라 지중해와 유럽식 음식을 파는 레스토랑이 공존한다. 북쪽으로 100블록 이상 떨어진 우사켄은 1665년에 건설된 콜로니얼 지역으로, 미식가들이 찾는 장소 가운데 하나다. 건축적 특징과 넓은 파티오가 있는 레스토랑, 벼룩시장, 세계 각지의 음식을 즐길 수 있는 만남의 장소로도 유명하다.

두 지역 외에도 국제적으로 인정받은 곳이 더 있다. 2019년 라틴아메리카 베스트에 선정된 세 곳의 레스토랑 가운데 두 곳이 위치한 차피네로 지구다. 이곳은 뛰어난 맛은 기본이고 세계 각국의 음식을 내놓는 레스토랑, 패스트푸드, 분짜Bun Cha, 100% 현지 재료를 사용해 요리하는 음식점, 비건 레스토랑, 비밀 장소, 맛과 경험을 연결하는 통로 등이 있어 식사 장소를 정할 때 선택의 폭이 넓다.

패션 아트서킷은 12년 전 뉴욕, 로스앤젤레스, 남부 플로리다가 있는 미국에서 현존하는 모든 규율로부터 예술가들의 작품을 해방시키려는 목적으로 탄생했다. 2015년 콜롬비아 기업가의 도움으로 라틴아메리카 지역을 총괄하는 공식 본부가 보고타에 문을 열었다. 국가 수도 내 공공 공간의 재창조는 패션, 미술, 음악, 야외 요리법을 아우르는 서킷이 되었다.

보고타는 대중교통, 박물관, 도심 주택, 상업용 건물 등 모든 공간을 정복

보고타의 패션 아트서킷

9월	아트보 아트페어
	바르쿠박람회, 보고타 예술과 문화
	페리아 델 밀레니엄
9~11월	내셔널 아티스트 살롱
10월	인텐시브 오데온 스페이스
약 2개월마다	오픈 산 펠리페
2년마다, 그해의 마지막 달	루이스 카바예로 어워드

보고타의 7가지 예술 행사

4~5월	보고타 패션위크
7월과 12월 중	부로박람회
12월	공예품 박람회

패션과 디자인, 주얼리 분야의 3가지 이벤트

해 스타일의 패션쇼장으로 탈바꿈시켰다. 디지털 시대가 부추긴 창의적 산업은 벤처에 점점 더 많은 돈을 투자하는 콜롬비아 사람의 적극성 덕분에 성장했다고 해도 과언이 아니다.

수년 전 프로콜롬비아의 초대로 보고타 패션위크에 참석할 기회가 있었다. 패션위크 기간에 열리는 트레이드 쇼에 나온 디자이너들의 독창성은 그 어느 나라에서도 찾아보기 어려운 '파격' 그 자체였다. 패션 바이어로서 흥미로운 경험이었다.

보고타의 밤

또한 보고타는 전 세계 주요 브랜드가 쇼핑몰 제안서를 제출하면 독립적 입찰을 통해 업계 거물 간의 경쟁을 장려하고 있다.

이렇듯 보고타는 여러 가지 모습으로 존재하며 거리 역시 끊임없이 변화한다. 예를 들면 트랜스밀레니오역은 보고타 대중교통의 중심지가 되기도 하고, 콜롬비아 카리브해에서 영감을 받은 패턴의 패션 컬렉션이 퍼레이드를 펼치는 캣워크가 되기도 한다. 보고타 거리에는 수천 가지 다른 얼굴, 성장을 멈추지 않는 도시의 얼굴이 숨겨져 있다.

그 밖의 명소들

• 라 칸델라리아(역사센터)

보고타에서 가장 오래되고 예쁜 동네로 볼거리가 많다. 볼리비아 광장 뒤편을 걷다 보면 스페인 뒷골목을 거니는 듯한 기분이 들기도 한다. 알록달록하게 칠해진 식민지시대의 스페인풍으로 만들어진 주택을 볼 수 있으며 건물의 벽을 장식하는 생동감 넘치는 벽화와 그래피티, 정치 슬로건 등도 인상적이다.

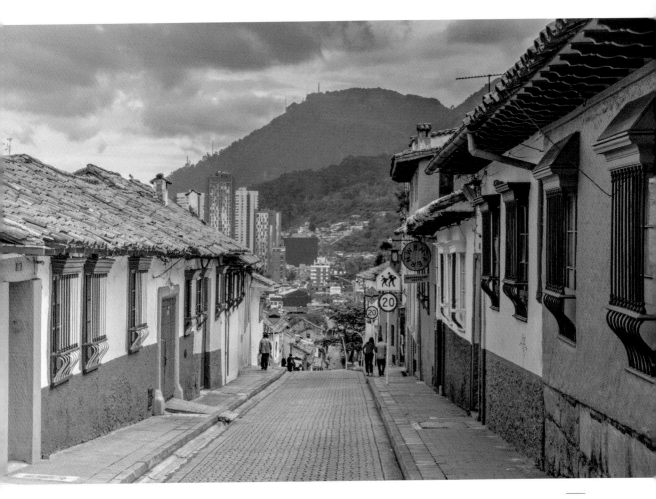

스페인의 뒷골목을 거니는 듯한 라 칸델라리아의 거리 풍경

• 볼리바르 광장

보고타 라 칸델라리아의 중심에 위치해 있다. 4세기 이상 된 기념비적인 건물에 둘러싸여 있는데, 현대적 아파트 타워와 식민지시대의 건물이 공존하는 곳이다. 건물에는 정치적 낙서가 가득하며, 대통령궁도 이곳에 있다. 광장 한가운데 1846년에 만들어진 시몬 볼리바르 동상이 있는데, 바티칸의 교황 흉상을 조각한 이탈리아 신고전주의 조각가 피에트로 테네라니의 작품으로 도시에서 가장 오래된 야외 조각품이다. 이 동상은 특히 비둘기들에게 인기가 많다.

광장 서쪽에는 보고타 시장 집무실인 프랑스식 팔라시오 리에바노가 있다. 스페인 총독 궁전이 있던 남쪽의 석조 건물은 콜롬비아 국회의사당이다. 카리브해 태생의 덴마크 건축가 토머스 리드가 설계해 1848년 첫 삽을 떴고, 정치적 소용돌이 속에서 78년 뒤인 1926년에야 완공되었다. 이 건물은 유독 기둥과 석상이 많아서 '남미의 아테네'라고 불린다.

• 팔라시오 데 유스티시아

"콜롬비아 국민 여러분, 무기는 독립을 주었고 법은 자유를 줄 것입니다."

콜롬비아 대법원 건물 입구 위에는 콜롬비아 건국의 아버지 가운데 한 명인 프란시스코 데 파울라 산탄데르의 말이 적혀 있다.

볼리바르 광장 북쪽에 자리한 대법원은 여러 차례 역사의 수난을 겪었다. 1948년에는 시위대에 의해 대법원이 불타기도 했는데 이 화재는 이틀 동안 계속되었다. 1985년에는 M-19 게릴라가 이 건물을 점령, 판사 44명을 포함해 300명을 인질로 잡았다. 3시간 후 군대가 기습적으로 건물을 공격해 1층을 점령했지만 인질 가운데 약 3분의 1은 위층에 잡혀 있었다. 다음 날 군대가 게릴라들을 급습했지만 판사 12명과 M-19 최고 지휘관 5명, 군인과 민간인 100여 명이 사망했다.

• **라 마카레나**

보고타 북쪽의 라 마카레나는 보고타의 매력적인 지역 가운데 하나다. '조나 M' '엘 바리오 보헤미오'로 불리는 보헤미안 마을이 있는데, 이 지역은 1950년대와 1960년대에 형성되었다. 젊은 피델 카스트로가 무기를 가지러 오가곤 했다고 전해진다. 라 마카레나에는 미술관이 많고 바와 레스토랑도 즐비하다. 금요일 밤에는 쿤디나마르카 28번가에 있는 쿤디나마르카대학교 학생들로 바가 북적거린다. 젠트리피케이션이 활력을 위협하고 있지만, 당분간은 보고타에서 꼭 가 봐야 할 곳 가운데 하나다.

1월과 2월에 투우가 열리는데 개인적으로 투우에 반대하지만 그렇지 않은 여행객에게는 새로운 경험이 될 것이다.

- **콜롬비아국립박물관**

콜롬비아에서 가장 큰 규모의 박물관으로, 기원전 1만 년까지 거슬러 올라가는 고대 유물을 비롯해 다양한 미술품과 유물 2만 점 이상이 전시되어 있다. 이 박물관에서 다섯 블록을 더 가면 에메랄드 지구가 있어 보석 원석을 살 수 있다.

- **시멘테리오 센트럴(중앙묘지)**

그란콜롬비아의 대통령 시몬 볼리바르를 위해 싸우다가 전사한 영국군과 아일랜드군이 묻혀 있다. 그리고 콜롬비아의 역대 대통령 대부분이 여기에 잠들어 있다.

콜롬비아국립박물관

보테로박물관 Museo Botero

볼리바르 광장에서 남동쪽으로 세 블록 떨어져 있다. 안뜰에 수풀이 무성한 식민지시대의 멋진 저택에 위치하며, 라틴아메리카에서 가장 큰 현대와 인상주의 미술 컬렉션 가운데 하나다. 박물관에는 페르난도 보테로가 직접 그린 그림과 조각 123점이 전시되어 있다. 잘 관리된 누군가의 집을 거니는 것처럼 정원과 방들 하나하나가 다 예쁘다.

보고타에서 한 군데만 갈 수 있다면 개인적으로 보테로박물관을 추천하고 싶다. 입구에는 거대한 손이 관람객을 맞이하는데, 콜롬비아에서 가장 유명한 예술가인 보테로가 2000년에 기증한 작품이다. 작은 뮤지엄숍에서 파는 다양한 엽서와 마그넷은 아기자기하고 예뻐서 지갑을 열지 않을 수 없을 정도다.

4번 방에는 보테로가 그린 화가 폴 세잔느 Paul Cézanne와 귀스타브 쿠르베 Gustave Courbet의 초상화(보테로 이전에 살았던 화가들이라 생전의 모습을 그린 작품은 아

보테르박물관의 전경

보테로박물관 내부

님)가 있다. 그는 인상주의와 현대 미술의 예술가를 포함한 다른 예술가들의 방대한 작품 컬렉션도 박물관에 기증했다.

위층 7번 방에는 프랜시스 베이컨의 섬뜩한 어린이 서재와 프랭크 아우어바흐의 런던 모닝턴 크레센트의 다채로운 풍경이 전시되어 있다. 아래층 1번 방에는 인상파와 후기 인상파 화가들, 그중 툴루즈 로트렉과 르누아르, 피사로, 모네의 다소 회색빛 암스테르담의 겨울 풍경이 전시되어 있다. 2번 방에는 피카소와 미로, 드 치리코, 들보, 막스 에른스트, 브라크, 샤갈의 작품이 전시되어 있는데, 입체파와 초현실주의 방이다. 3번 방에는 아담과 이브의 에로틱한 그림 등 보테로 작품 몇 점과 루시안 프로이트, 헨리 무어, 클림트, 데가스, 마티스 등의 드로잉과 연구 작품이 전시되어 있다. 피카소 트리오에는 검은색, 갈색, 회색으로 염소 두개골을 게르니카풍으로 연구한 작품이 포함되어 있다.

금고 안에는 콜롬비아의 문화재 '라 레추가'가 있다. 이는 스페인 호세 데 갈리스의 작품으로 1700~1707년 에메랄드 1,485개와 루비, 다이아몬드, 진주 등 화려한 보석으로 제작되었다. 한 수녀가 몰래 판 것을 휴스턴 경매장에서 되찾은 '구스토 디하드'도 이곳에 있다.

엘도라도의 전설,
황금박물관 Museo del Oro

고려의 최영 장군은 "황금 보기를 돌같이 하라"고 말했다. 그런데 이곳에 가면 황금이 지천으로 널려 있어 돌같이 보인다. 어디냐고? 황금박물관, 무세오 델 오로 Museo del Oro다. 고고학 박물관으로 세계 최대 규모의 금 장신구 컬렉션을 자랑한다. 남미에서 가장 매력적인 박물관 가운데 하나로, 해마다 약 50만 명의 관광객이 찾는다.

보고타 산탄데르공원 동쪽에 위치하며, 스페인 통치 이전 콜롬비아의 주요 문화에서 나온 5만 5,000점 이상의 금과 금 장신구가 소장되어 있다. 또한 3만 4,000점의 금 세공품, 2만여 개 이상의 돌, 도자기, 보석 등으로 만든 유물이 전시되어 있다.

1969년 파스카에서 발견된 무이스카 황금 뗏목을 보는 순간 관람객들은 엘도라도의 전설을 마주하게 된다. 황금 뗏목 중앙에 선 통치자를 황금과 깃털로 치장한 족장들이 둘러싸고 있는데, 이는 엘도라도 신화의 근거가 된

엘도라도의 전설을 떠올리게 하는 황금박물관의 금 세공품

'지파(통치자)의 승계 의식'을 형상화한 것이다.

　상설 황금 컬렉션은 2층과 3층에 마련되어 있다. 2층 메인 전시실은 '히스패닉 이전 콜롬비아의 사람과 금'이 주제다. 스페인 정복자들이 도착하기 전 콜롬비아에 거주했던 다양한 문화권의 금세공 작품이 유리병에 전시되어 있다. 재규어, 새, 박쥐와 같은 동물의 반복적인 상징과 동물의 모습을 하고 영혼 세계로 여행하는 주술사를 상징하는 인간-동물의 잡종 등 초기 문화의 금 장신구들을 볼 수 있다. 장신구를 제외한 가장 흔한 금 전시물은 코카잎을 씹을 때 석회 가루를 넣는 용기인 포포로^{popo}다. 재를 추출하고 두드리는 데 사용하는 갈고리에는 정교한 그림이 장식되어 있다.

　3층은 '우주론과 상징주의' 섹션이다. 플라잉 차마닉과 더 오퍼링으로 전시가 이어진다. 플라잉 차마닉은 다양한 금 조각을 통해 샤머니즘 의식이 이루어지는 과정을 보여준다. 더 오퍼링은 제물의 방, 제물의 배, 호수 세 부분으로 나뉘어 있다. 인간 얼굴을 마스크처럼 정교하게 표현한 티에라덴트로^{Tierradentro}의 작품을 비롯해 박물관의 최고 유물이 전시되어 있다.

189

지파키라 소금광산과
소금성당

　보고타에서 북쪽으로 49km를 더 가면 소금광산이 있는 오래된 도시 지파키라가 나온다. 사방 어디를 둘러봐도 지파키라 소금광산^{Zipaquira Salt Mine}은 소금 천지다. 암염으로 꽉 찬 소금광산이 떡 버티고 서 있으며, 그 광산의 지하에는 거룩한 예배당이 있다.

　소금광산 터널을 따라가면 지하 120m 부근에 지하 예배당인 소금성당^{Salt Cathedral}이 나온다. 처음에는 혹시 무너지지 않을까 걱정하며 안으로 들어섰다가 눈으로 보고 난 다음에는 고개가 절로 끄덕여질 것이다. 새하얀 소금으로 만들어진 지하세계가 파노라마처럼 펼쳐지는데, 이곳은 7억 년 전에는 태평양 바닷속이었다. 지각 변동에 따라 해저가 융기해 육지가 되면서 소금 광맥이 형성되었다. 이곳의 주민들은 400여 년 전부터 암염 채굴로 생계를 이어갔다.

　암염은 천연으로 만들어지는 염화나트륨 결정으로 무색이나 흰색이다. 바다에서 소금을 채취하는 나라도 있지만 암염으로 소금을 채취하는 나라도 적지 않다. 암염 광산의 소금은 캐내어 씻기만 하면 바로 소금으로 사용할 수 있어 한자동맹의 상인들이 가장 많이 취급한 상품이 암염이었다.

절대적 평화와 고요함이 깃든 소금성당

산 전체가 거대한 소금으로 된 이곳은 1954년에 발견되었다. 원래 이곳에 지하 성당이 있었는데, 붕괴 가능성이 커지자 대신 건축한 것이 소금성당이다. 암염을 채굴하는 광부들의 안전을 기원하려는 목적으로 거대한 십자가들과 성당을 건설했다. 소금만 150만 톤에 길이 75m, 높이 18m 규모다. 8,400명을 한꺼번에 수용할 수 있을 정도로 큰 규모를 자랑한다. 성당 내부의 기둥과 조각 모두 거대한 소금 덩어리다. 소금성당을 건축하는 데 100명 이상의 조각가와 광부가 동원되었고 완성까지 4년이 걸렸다고 하니 지하 120m에 지어진 소금성당은 그것만으로 '현존하는 지하세계 최고의 성당'이라는 찬사를 받을 만하다.

소금성당으로 들어가는 길은 캄캄하다. 사람을 감지해 길을 밝히는 불이 들어오면 저절로 아베마리아 성가가 나온다. 긴 어둠을 통과해 나선형 길을 돌아가면 소금 벽에 둘러싸인 십자가가 보인다. 컴컴한 굴속에서 십자가가 천상의 화원처럼 형형으로 아름답게 빛나는데, 대부분의 십자가는 벽을 깎아 만든 것이라고 한다. 그중에는 돌기둥을 깎아 만든 십자가도 있다. 지하에 있지만 천상에 있는 듯한 느낌이 들고, 현실이 아닌 것 같다는 생각이 들정도로 매우 아름답다. 보고타에 왔다면 반드시 들러야 할 곳으로, 다른 어느 곳에서도 느껴 보지 못한 경험을 하게 될 것이다.

비아 크루시스, 십자가의 성역

소금성당은 황철광 결정이 있는 곳에서 반짝반짝 빛이 난다. 소금광산의 갱도는 입구에서 막장까지 14개 주제로 된 작은 예배당이 있다. '비아 크루시스'라는 십자가의 성역이다. 예배당은 모두 각기 다른 색상의 조합으로 만들어졌는데, 소금으로 조각된 십자가와 작은 공간으로 구성되어 있다. 지하 통로에는 돔이 있다. 실제 본당에는 돔이 없지만 바닥에 세계에서 가장 큰 지하 십자가, 자연적인 소금맥의 소용돌이가 인상적인 암염 천장, 로마 시스티나성당에 있는 미켈란젤로의 〈아담의 창조〉를 그대로 재현한 대형 대리석 메달이 보인다.

지하 갱도 끝에 다다르면 1995년 건축가 호세 마리아 곤살레스가 완성한 대성당을 만나게 된다. 어두운 지하세계에서 십자가들이 빛을 발하고, 대성당의 분위기는 신비롭고 영적인 공간으로 변한다. 대성당 뒤쪽 영화관에서

소금대성당

는 3D 영화가 상영된다.

대성당 옆의 작은 성당에서 매주 일요일 미사가 열린다고 하는데, 주일예배를 120m 지하세계에서 보는 사람들의 신심은 얼마나 깊을까 하는 생각이 들었다.

지하세계의 하이라이트, 소금 연못

지하세계의 하이라이트는 소금 연못이다. 연못 속의 풍경이 그대로 반영되어 비치는 소금 천장의 모습은 데칼코마니 같다. 보는 이들을 환상의 세계로 인도한다.

처음 소금성당에 들어설 때 가이드가 비염이 있거나 몸이 안 좋은 사람은 투어가 끝날 때쯤 미네랄 등의 효과로 몸 상태가 호전된 것을 느낄 거라고 했는데, 듣는 순간에는 반신반의했지만 사실이었다. 소금성당에 들어설 때 비염으로 한쪽이 막혀 있던 코가 나올 때 뻥 뚫려 있었기 때문이다. 숙연해지는 마음과 약간의 비염 치료는 소금성당 투어의 덤으로 느껴질 것이다.

몬세라테산^{Mount Monserrate}

    몬세라테는 '톱니 모양의 산'이라는 뜻으로, 가톨릭 신자들에겐 빼놓을 수 없는 성지순례 명소다. 더불어 스페인의 위대한 건축가 안토니 가우디를 비롯해 수많은 유명 예술가가 이곳에서 심신을 수양하고 영감을 얻은 것으로도 유명하다.

    보고타 동부 도심의 고지대(해발 3,162m)에 있는데 보고타보다 562m 더 높다. 산이라고 하기에는 규모가 작고 언덕이라고 하기에는 약간 큰 특징을 가지고 있다. 스페인 식민지가 되기 전 원주민 무이스카족이 지배할 때부터 성스럽게 여겨졌는데, 스페인 통치가 시작되고 가톨릭이 이식되면서 명실상부한 성지가 되었다.

    몬세라테 정상에 오르면 17세기에 건축된 산투아리오 데 몬세라테 성당과 엘 세뇨르 카이도 성지가 기다린다. 이 성당은 스페인에서 들여온 검은 성모상을 기념하기 위해 지어졌다. 이 성모를 모셔 온 주교가 이전에 스페

아래서 올려다본 하얀 성당의 모습

인 바르셀로나 몬세라트수도원의 원장이었다고 한다. 그래서 처음 만들어진 성소의 이름을 '누에스트라 세뇨라 데 라 크루즈 데 몬세라테'라고 불렀다가 나중에 몬세라테만 남았다고 한다. 성당의 내부에는 검은 성모상과 십자가에 못 박힌 예수상, 쓰러진 검은 피부의 예수상이 있다. 성당은 오랜 식민지 생활에 지친 지역 주민들에게 기도와 위로의 공간이 되어 주었다.

요즘도 성당의 검은 성모상에게 소원을 빌기 위해 주말마다 2~3만 명이 찾는다. 콜롬비아 사람은 이곳을 9번 방문해야 자신의 소원을 이룰 수 있다고 믿는다. 일요일에는 그리스도의 기적을 바라는 수천 명의 순례자를 만날 수 있다고 한다.

몬세라테 정상에서는 보고타의 전경을 한눈에 볼 수 있다. 성당 레스토랑에 앉아 아래로 끝없이 펼쳐진 보고타를 보거나 해지는 장면을 바라볼 수 있다면 일생일대의 행운이 아닐 수 없다. 몬세라테 정상으로 가는 방법은 세 가지다. 5분가량 걸리는 케이블카, 초속 3.2m로 달리는 산악궤도열차 푸니쿨라Funicular를 이용하거나 언덕 아래에서부터 정상까지 1,500개 돌계단을 따라 90분간 걸어 올라가는 것이다. 산악열차는 1928년, 케이블카는 1955년에 개통되었다.

몬세라테 정상에서 내려다본 보고타 도심의 전경

보고타는 다른 도시에 비해 고도가 높아 고산병에 걸리기 쉽기 때문에 조심해야 한다. 빨리 성당을 보고 싶은 마음에 멋모르고 서둘러 걸어 올라갔다가 오후 내내 두통과 울렁증에 시달렸던 기억이 난다. 이런 사태를 방지하려면 천혜의 환경을 음미하며 천천히 걸어야 한다. 정말이지 몬세라테 정상에서 바라본 보고타는 감탄이 절로 터져 나올 정도로 아름답다.

메데인|Medellín

　1616년 스페인 정복자 프란시스코 데 헤레라이 캄푸사노가 건설한 메데인은 안티오키아 주의 주도이며, 콜롬비아에서는 두 번째로 인구가 많은 252만 9,403명의 대도시다. '영원한 봄의 도시'로 불리는데, 적도와 가깝긴 하지만 해발 1,500m 고원지대에 위치한 산으로 둘러싸인 아부라계곡에 있어 연중 20℃ 정도의 날씨가 유지되기 때문이다.

　5월과 10월경에는 비가 많이 내리지만 덥거나 춥지 않고 공기가 맑으며 온화한 날씨를 자랑한다. 아부라 분지의 80m 높이에 누티바라 언덕이 있는데, 그 언덕 정상에 오르면 20세기 안티오키아의 전형적 마을을 그대로 옮겨놓은 듯한 메데인의 전경을 한눈에 볼 수 있다.

　메데인 근교의 아름다운 식민지시대 마을 산타페 데 안티오키아와 호숫가의 과타페 마을은 꼭 가 봐야 할 명소다. 메데인 사람은 '파이사Paisa(중남미의 유대인)'라는 별칭으로 불리는데, 결코 손해 보는 장사를 하지 않기로 정평이 나 있어서다.

축복받은 복음의 땅

메데인을 대표하는 키워드 세 개가 있다. 해방신학과 마약왕 파블로 에스코바르^{Pablo Emilio Escobar}, 페르난도 보테로가 바로 그것이다. 1968년 교황 바오로 6세는 가톨릭 주교들을 메데인으로 불러들였다. 이른바 메데인주교회의로, 이는 가톨릭 역사의 물줄기를 가르는 분기점이 되었다. 가톨릭주의를 주창하는 교회 지도부와 반가톨릭주의를 주장하는 젊은 성직자들이 첨예하게 대립하며 반목하던 때 라틴아메리카 교회의 분열을 막기 위해 마련한 자리였다. 라틴아메리카의 신생 독립국들은 대부분 헌법에 가톨릭을 국교로 규정했지만 1950년대부터 신도들이 떠나가면서 가톨릭은 위기를 맞았다. 복음을 전파하는 것이 성직자의 사명이라고 주장하는 구 세력과 현실 참여를 주장하는 신 세력의 대립도 절정으로 치닫고 있었던 것이다.

교황 바오로 6세는 "가난한 자에 대한 교회의 책임을 통감한다"라는 개혁적 전교 지침을 공포했다. 교회가 낮은 데로 임해야 한다는 가르침을 재확인하면서 라틴아메리카 교회의 갈등을 표면적으로 봉합했다. 이 메데인주교회의로 말미암아 해방신학이 탄생했는데, 메데인에서 가톨릭 교회의 변화가 시작된 것이다.

극단적 현실 참여로 발전한 경우도 있었는데, 카밀로 토레스 신부는 "가톨릭 신자가 혁명적이지 못하면 용서받지 못할 죄를 짓는 것이다"라는 말과 함께 게릴라 운동에 투신했다. 엘살바도르의 로메로 대주교는 군부정권과 대립각을 세우다가 미사 도중 암살당하기도 했다. 이렇듯 1970~1980년대 라틴아메리카 교회는 개혁의 선봉에 섰다. 그러나 가톨릭 내에서도 해방신학에 대한 의견은 갈렸다. 보수 성향의 요한 바오로 2세가 즉위하면서 교황청은 메데인주교회의 선언을 부정했고, 1980년에는 해방신학을 '마르크스의 계급투쟁론에 영향을 받은 이데올로기'로 규정했다. 이로써 가톨릭은 메데인주교회의의 철학과 결별했다. 그럼에도 콜롬비아와 메데인이 '축복받은 복음의 땅'이라는 사실은 변하지 않는다.

신구 가톨릭 간의 전쟁터

스페인 왕실이 아메리카 원정에 나섰을 당시 성직자는 공동의 목적을 가진 동업자였다. 그들은 아스테카Aztec와 잉카를 멸망시켰고, 가톨릭 교회는 라틴아메리카의 복음화라는 미명 아래 원주민(인디오)의 삶을 도외시하는 자만의 길로 빠져들었다.

1512년 교황청은 신대륙에 대한 첫 번째 종교회의를 열었다. 콜럼버스가 원주민을 배에 태워 스페인으로 데려왔는데, 그들을 사람으로 대할 것인지 짐승으로 대할 것인지 판단하기 위해서였다.

『Bartolome de Las Casas』라는 얇은 책자에는 당시 실험과 그들의 주장이 자세히 재현되어 있다. 이들은 원주민 어머니와 어린 자식을 두고 그들이 슬픔과 고통으로 눈물을 흘리는지, 누군가 아이를 해치려고 할 때 보호하려 드는지 등 다양한 실험을 진행했다. 그런데 원주민을 사람으로 판단하는 결정적 역할을 한 건 따로 있었다. 바로 웃음이었다. 종교회의는 동물도 모성 본능이 있고 슬픔과 고통을 느끼지만 아무리 행복한 상황에서도 웃을 수 없다면서 웃음은 인간만이 지닐 수 있는 자질이라고 결론을 내렸다. 이 실험 후에 교황 훌리오는 원주민을 아담의 후예라고 인정했다. 한편의 희극을 보는 듯하지만 상당히 철학적인 책으로 꼭 읽어 보기를 권한다.

예수회는 가톨릭과 다른 길을 갔다. 원주민의 정서와 문화를 이해하고 맞춤형 선교를 시도했다. 교육에 힘을 쏟으며 원주민을 개화시키는 데 큰 영향을 미쳤다. 포르투갈 왕정에 맞서 원주민의 삶과 터전을 지키려고 한 예수회 선교사들의 이야기는 영화 〈미션〉에도 등장한다. 원주민과 함께하려는 예수회의 활동은 왕실의 이익을 대변하는 가톨릭 중앙 교단과 갈등을 불러왔다. 당시 예수회는 로마교황청만을 인정했다. 그래서 예수회가 벌어들인 이익은 로마교황청으로 흘러 들어갔고 교직 인사도 로마교황청의 명령만 따랐다. 게다가 예수회는 원주민을 보호하기 위해 종교 공동체인 '레둑

시온^{reduccion}'을 만들었는데, 이것이 '엔코미엔다(대농장주)'를 대신하는 원주민 공동체로 자리매김하면서 농장을 탈출해 옮겨 오는 원주민이 늘어났다. 그 피해는 고스란히 엔코미엔다에게 돌아갔다. 한편 스페인 왕실과 예수회의 관계도 악화되었다. 왕권 강화를 추진하던 스페인의 왕 카를로스 3세는 1766년 라틴아메리카에서 무려 2,000여 명의 예수회 신부를 추방했다.

이런 조치는 나중에 부메랑이 되어 돌아왔다. 레둑시온이 해체되면서 대농장주들이 원주민을 노예처럼 부리게 된 것이다. 이들 농장주는 세력을 키워 사병을 갖췄고, 이후 독립전쟁의 주축이 되었다. 결국 이들이 스페인 왕실을 쫓아냈으니 자업자득이 된 셈이었다(채경석의 『중미, 라틴을 꽃피운 땅』 참조).

마약왕 파블로 에스코바르와 페르난도 보테로

콜롬비아의 마약 생산 역사는 길다. 수 세기 전부터 세계 최대의 코카인 공급국으로, 여러 지역에서 코카잎을 가공하지 않은 형태로 구입할 수 있었다. 유럽인들이 처음 콜롬비아에 도착했을 때 코카잎을 씹는 현지인들의 모습을 보고 고개를 저었지만, 노동생산량이 감소하자 코카잎 사용을 허용하기로 했다. 이후 수 세기 동안 안데스 코카인은 약용과 기호용으로 전 세계로 퍼져나갔다.

1980년대만 해도 메데인은 코카인 거래의 중심지였다. 코카 재배와 코카

마약왕 파블로 에스코바르

인 제조는 페루와 볼리비아에서 주로 행해졌고 유통은 콜롬비아가 장악했다. 메데인은 유통망을 장악하기 위한 마약 카르텔 간의 다툼으로 테러와 납치, 총격, 살인이 난무하는 범죄 도시가 되었다. 치안이 최악으로 치달으면서 사람들에게 여행이 불가능한 지역으로 인식되었다.

메데인과 따로 떼어 생각할 수 없는 두 인물이 있다. 첫 번째는 마약왕 파블로 에스코바르다. 그 삶의 궤적을 좇아가는 파블로 투어는 관광 필수 코스로, 성모 마리아가 기적을 행했다고 알려진 미스틱 로사에서 시작해 파블로가 살았던 집과 그가 암살당한 산동네 빈민가 '코무나13^{Comuna13}가'를 방문하는 것으로 끝난다.

미스틱 로사가 메데인 서민들이 기도를 위해 찾는 장소라는 건 이해가 간다. 하지만 마약 카르텔의 지시를 받은 시카리오들이 잔인무도한 살인을 하러 가기 전 이곳에 들러 행운을 빌었다고 하니 이율배반적이라는 생각이 든다. 하지만 콜롬비아 영화를 보면 현재도 다른 마약 카르텔을 치러 가거나 뭔가 폭력적인 보복 등을 하러 가기 전 성당에 가서 기도하는 장면이 종종 등장한다. 그 기도를 받는 신이라면 웃어야 할지 울어야 할지 모를 것 같다.

두 번째는 세계적인 예술가 페르난도 보테로다. 메데인에서 태어난 그는 콜롬비아가 낳은 세계적 작가로, 메데인 안티오키아박물관 3층에는 보테로가 기증한 작품 92점이 있고, 박물관 앞 보테로 광장에는 거대한 청동 조각들이 있다.

안티오키아박물관에 소장된 작품 가운데 보테로가 그린 〈파블로 에스코바르의 죽음〉이 있다. 마약왕의 최후를 그린 것으로, 고국 콜롬비아의 폭력

〈파블로 에스코바르의 죽음〉

과 불법 마약 산업을 비판하는 메시지를 담고 있다. 에스코바르가 사망했을 때 그의 집에서 보테로의 작품 두 점이 나와서 둘 사이에 개인적 관계가 있는 것이 아니냐는 의심을 샀지만 확인된 것은 없다. 에스코바르는 메데인을 중심으로 마약 카르텔을 운영했고, 보테로는 20세 이후 콜롬비아를 떠나 미국과 프랑스, 이탈리아 등을 오가는 생활을 하면서 콜롬비아에 대한 애정과 고국에서 살고 싶다는 갈망을 공개적으로 피력했다.

보테로는 공공연하게 마약에 반대했다. 자신의 아들이 대통령 선거 때 마약 조직에게서 불법 선거자금을 받은 일에 연루되었다는 것이 드러나자 아들과 3년간 의절했다는 일화는 유명하다.

메데인은 마약으로 도시를 할퀴고 큰 상처를 낸 에스코바르의 도시인 동시에 아픈 상처로 얼룩진 콜롬비아의 내면을 위로하고 주민들에게 위안을 준 보테로의 도시다. 이처럼 메데인에는 명과 암, 선과 악, 예술과 마약이 공존하고 있다.

살인으로 얼룩진 도시가 꽃과 패션·예술의 도시로 거듭나다

콜롬비아에는 커피 농업과 마약 산업을 제외하면 별다른 산업이 없었다. 이런 상황에서 메데인은 섬유, 철강, 식품, 음료, 화학, 의약, 석유정제업이

발달한 경제 중심지 역할을 해왔다. 콜롬비아 중앙은행인 방코 데 라 레푸
블리카Banco de la República와 최대 보험사인 수드아메리카나, 세계적인 속옷 회
사 레오니사Leonisa, 에너지-가스-수자원을 다루는 라틴 지역의 다국적 회사
EPM, 전력-도로-통신-ICT 전문 기업으로 중남미 다국적 기업인 ISA 등의
본사가 이곳에 있다. 도시 외곽에는 농업이 발달했으며, 화훼 단지와 커피
산지가 있다.

메데인 시에 소재한 그루포 누트레사Grupo Nutresa는 100년 역사를 자랑하는
콜롬비아 최대 식품기업이다. 종업원이 4만 6,000명에 연 매출액이 30억 달
러가 넘는다. 커피를 포함해 육류, 제과, 초콜릿 등 8개 분야 사업을 운영하
고 있으며, 누트레사 초콜릿 제품은 한국에도 수입된다. 그루포 누트레사의
커피 부문 자회사는 콜카페로 커피 엑기스, 커피 오일, 커피향 등 부가가치
가 높은 커피 제품을 만드는 커피 엑기스 세계 1위 생산 업체다. 스타벅스를
비롯해 한국의 빙그레, 남양, 이디야커피 등의 커피 기업이 커피 제품을 수입
한다. 콜카페 공장의 모습은 대형 실린더가 파이프로 연결되어 있는 등 흡사
정유공장을 닮았다.

커피를 원자재로 수출하지 않고 부가가치를 더한 상품을 만들어 수출하

는 것은 메데인스러운 생각이다. 메데인 사람은 콜롬비아의 여느 다른 지역 사람과 차이가 있다. 메데인 사람은 자존감이 강하고 비즈니스 아이디어가 뛰어나며 합리적인 스타일로 정확한 언어를 구사한다.

마약왕 파블로 에스코바르의 도시로 널리 알려졌던 메데인은 최근 10여 년 동안 치안 상황이 크게 좋아졌다. 요즘은 꽃과 패션, 예술, 미인, 부자들의 도시로 거듭나고 있다. 특히 메데인은 남미에서 가장 큰 패션쇼를 개최하는 등 패션의 유행을 선도하고 있다. 콜롬비아대사관 내의 프로콜롬비아의 초대로 메데인 패션위크에 참석했는데, 우리나라의 패션 감각과 조금 동떨어진 감이 있지만 가죽 제품과 수영복, 리조트웨어는 세계 4대 패션위크에 내놓아도 빠지지 않을 만큼 훌륭하고 가격 역시 합리적이다.

방문했을 당시 메데인이 왜 위험한 도시였는지 싶을 만큼 활기차고 매혹적이고 안전한 도시로 느껴졌다. 이곳은 현재 혁신의 전시장으로 탈바꿈하는 중인데, 새로 지어진 타워 블록이 하늘을 찌를 듯 솟아 있고 최신 지하철이 도시를 남북으로 가로지른다. 주변을 둘러싼 가파른 산비탈에 사는 가난한 바리오 주민들은 케이블카 시스템을 이용해 도심으로 빠르고 쉽게 접근할 수 있게 되었다. 메데인 내 포블라도Poblado의 경우 원래 가난한 사람들이

메데인의 운송 수단이자 교통 수단인 케이블카

사는 곳이라서 포블라도(가난)라고 불렸지만 지금은 기업들과 고급 아파트들이 들어서면서 부촌이 되었다. 이처럼 메데인은 하루하루 눈부시게 발전하며 매력적인 도시로 성장해 나가고 있다.

그래피티와 레게톤의 수도

메데인은 '도시 예술'로 유명한데, 그래피티와 레게톤Reggaetón의 수도로 불릴 정도다. 대도시로 성장하면서 메데인은 공공 공간에 대한 접근 방식에

메데인 그래피티 마을(코무나13) 풍경 1

변화를 줬다. 폭력과 마약 등으로 한때 주민들에게 거부당했던 거리에 예술을 끌어들여 새로운 의미를 부여했고, 모든 사람을 위해 예술을 박물관 밖으로 내보내려는 시도가 이어지고 있다.

메데인의 어느 지하철역에 내리더라도 조금만 걸어가면 다양한 색의 벽을 볼 수 있다. 물론 이 작품을 감상하는 가장 좋은 방법은 지하철을 타고 산하비에르역에 내려 코무나13으로 들어가는 것이다. 이 지역에는 메데인에서 가장 많은 600개가 넘는 그래피티가 있다. 코무나13에는 힘들었던 과거, 주민들이 살아온 과정, 과거와 미래의 상징 등이 벽에 그려져 있다.

코무나13으로 가는 길은 경사가 가파르다. 이곳 주민들이 집에 가려면 400개의 계단을 오르내려야 했는데, 메데인에서 주민들을 위해 에스컬레이터를 만들었다. 그러자 이 지역의 예술가들은 특별한 조각상과 벽화를 더 높은 곳에 전시했고, 계단은 더 높은 지점으로 끌어 올려졌으며, 컬러가 벽을 점령했다.

코무나13의 그래피티 가운데 주황, 파란, 초록, 노란 피부색으로 그려진 여성 얼굴이 등장하는 분홍색 벽이 눈길을 끈다. 여기서 다양한 색깔은 다양성을 상징한다. 어깨에는 흰 비둘기가 앉아 있고, 몸통에는 새로운 길을 의미하는 하트와 신발 등이 그려져 있다. 이와 함께 모퉁이에 깃털을 펼친

메데인 그래피티 마을(코무나13)의 풍경 2

공작새, 사자와 고릴라, 주사위를 던지는 강력한 손, 물로 만든 머리카락을 가진 여성 얼굴이 그려진 그래피티도 볼 수 있다.

동네의 높은 지점에서 아래를 내려다보는 것도 감상 포인트다. 에스컬레이터가 끝나는 지점에서는 주택 지붕이 캔버스가 된다. 잘 익은 전통 망고 아이스크림을 파는 아이스크림 가게나 바비큐 가게의 입구에도 그림이 그려져 있다.

코무나13에서는 표지판 없이도 자유롭게 돌아다니며 벽화 문화를 즐길 수 있다. 지역 예술가들이 그래피티에 서명하는 방식인 봄빙bombing, 태그부터 벽화 예술과 그 사이의 모든 것이 있기 때문이다. 이는 발판을 설치하고 스프레이 페인트 캔을 다 쓸 때까지 작품을 만드는 지칠 줄 모르는 예술가들이 있고, 그들이 목소리를 내도록 도와준 축제 주최 측과 담당 기관, 단체가 있어 가능한 일이다.

코무나13: 도시 예술을 위한 공간

- 메데인 중서쪽 10개 마을

- 주민 약 20만 명

- 지하철역 1개

- 메트로 케이블 노선 1개

- 이 지역을 대표하는 그래피티를 둘러보는 그래피티 프리워킹투어가 있음

콜롬비아 음악 산업 수입의 90%는 레게톤이 차지한다. 레게톤에는 여러 모태가 있다. 파나마에서는 스페인어로 된 레게가 힙합과 결합하면서 탄생했다. 푸에르토리코에서는 레게를 자국 음악으로 받아들여 전 세계의 인정을 받았다. 그리고 레게톤은 메데인에 와서 산업으로 자리 잡았다.

메데인이 세계 레게톤의 수도로 손꼽히는 몇 가지 이유가 있다. 메데인 출신의 세계적인 레게톤 아티스트가 많고, 이 장르의 프로듀서와 여성 레게톤 아티스트들이 활발하게 활동하고 있으며, 레게톤 클럽이 여럿 존재한다. 이 도시에서는 레게톤을 부르고, 레게톤을 제작하고, 레게톤 비디오를 촬영하고, 협상을 벌인다.

도시 예술은 사람들을 통합한다. 메데인을 제대로 알기 위해서는 열린 마음과 예민한 귀를 가지고 도시 리듬에 몸을 움직이며 거리를 걸어야 한다.

그래피티를 볼 수 있는 메데인의 다른 장소

- 엘 포블라도 인근, 사바네타와 엔비가도
- 부에노스아이레스 인근
- 라 아메리카 앤 산타루치아 인근
- 카스티야 인근

메데인은 시민 건축의 본거지이기도 하다. 메데인 북쪽의 산도밍고 구역에는 무허가 빨간 벽돌집들이 산자락을 빼곡히 채우고 있다. 이곳은 1990년대까지 메데인 카르델의 뒷밭이었던 코무나스 지역에 속한다. 내전을 피해 도시의 외곽으로 흘러들어 온 피난민들이 쓰레기 더미 위에 집을 짓고 모여 살면서 조성되었다. 하지만 마약 카르텔 간의 피비린내 나는 총격전과 청부 살인 등으로 오랫동안 외부와 단절된 채 고립되어 있었다.

이곳의 급경사지에는 검은색 상자 모양의 건물 3개가 기념비처럼 서 있다. 메데인 시내 전역에서 볼 수 있는 언덕에 지안카를로 마잔티^{Giancarlo Mazzanti}가 2007년 세운 도서관 겸 주민회관인 스페인도서관공원이다. 이 건물은 콘크리트 구조에 스틸 프레임을 설치하고 시스템 판넬로 면이 꺾인 형태를 구현했다. 2008년 남미 최고의 건축상인 이베로아메리칸 건축상과 어반 디자인 비엔날레에서 그해 최고 건축상을 수상했다.

마잔티는 미국 프린스턴, 하버드, 콜롬비아대학교에서 방문 교수를 지낸 세계적 건축가다. 그는 도서관을 지어 산비탈에 다닥다닥 붙어 있는 판잣집에 거주하던 사람들에게 숨 쉴 수 있는 공간을 제공했다. 고립된 사람들을 서로 교류할 수 있게 함으로써 그들의 생활에 온기를 불어넣었다. 스페인도서관공원은 우범 지역에 새로운 희망의 상징으로 자리 잡으면서 '열린 도서관'으로 불린다.

메트로 케이블카

중남미에서 가파른 지역에 들어선 빈민 주거지와 도심의 일터를 연결하는 교통수단은 케이블카다. 산토도밍고에서 산 위로 올라가거나 도심으로 내려갈 때도 케이블카를 이용할 수 있다. 2014년 메데인 시 당국은 버려졌던 이 지역을 도시의 다른 지역과 소통시키기 위해 산 아래와 산동네를 잇는 메트로 케이블을 건설해 1,100페소(500원)의 저렴한 가격에 주민들이 이용할 수 있게 했다.

산 정상까지 5km 구간을 잇는 메트로 케이블카는 산동네 주민들의 삶에 큰 변화를 가져왔다. 가난하고 낙후된 산동네가 있는 도시라면 어디서나 적용할 수 있는 좋은 예가 아닐까 싶다.

과타페의 돌 Penon de Guatape

안티오키아 주는 최고급 커피 원두를 재배하고 목축업이 발달한 곳이다. 주도인 메데인에서 버스를 타고 두 시간쯤 달리면 해발 2,137m의 고지대에 위치한 작은 마을 과타페Guatape에 도착한다. 인구는 6,000여 명에 불과하지만 비야 데 레이바Villa de Leyva, 몽구이Mongui 등과 함께 '콜롬비아에서 가장 아름다운 마을 17선'에 수록될 만큼 인기 있는 관광지다.

과타페에는 알록달록한 벽화가 많은데, 입체적으로 튀어나와 있다는 게 특징이다. 주민들이 직접 꾸민 입체 벽화 소칼로스는 100년 전통을 자랑한다. 오래된 집에 계속해서 흙을 덧대어 수리하다 보니 벽이 두꺼워졌고, 이 벽을 입체 벽화로 꾸며 보자는 주민들의 아이디어가 구현된 것이다. 각 집의 개성이 벽화를 통해 드러나면서 마을의 상징이 되었다.

과타페의 진짜 랜드마크는 따로 있다. 둘레 2km에 가까운 바위가 떡 버티고 서 있는데, '과타페의 돌'이라고 불리는 선사시대의 거대한 암석이다.

'안데스의 왕바위'라고도 불린다. 세계에서 세 번째로 큰 바위로, 약7,000만 년 전에 생성된 것으로 추정되지만, 거의 부식되지 않아서 돌 자체만으로도 경이롭다.

정상까지는 660계단을 올라야 하는데 밑에서 보면 지그재그로 설치된 계단이 산꼭대기까지 거의 수직으로 이어져 그 모양이 마치 신의 손으로 여성의 치마를 바느질한 것처럼 보인다. 밑에서 보는 풍경도 장관이지만 바위에 올라 댐을 막아 인공으로 지은 엘 페뇰 호수를 내려다보는 전망은 그야말로 절경이다. 바위 위에서 보나, 바위 아래에서 보나, 멀리서 보나, 가까이서 보나 완벽한 미를 자랑하는 곳이다.

과타페의 돌 전경

전망대에서 내려다본 인공 호수 엘 페뇰

카르타헤나^{Cartagena}

"18세기 그곳은 카리브해에서 가장 번성한 무역도시였다. 그것은 무엇보다 아메리카 대륙에서 가장 큰 아프리카 노예 시장이라는 달갑지 않은 특권 때문이었다. …… 한 해 동안에도 여러 번 키토, 베라크루스의 보물을 실은 갈레온선들이 이곳으로 모여들곤 했는데, 그때가 이 도시의 영광을 보여준 세월이었다."

"그들은 하느님이 내려다보듯 하늘에서 아주 유서 깊고 영웅적이며 세상에서 가장 아름다운 도시인 '서인도의 카르타헤나'의 유적들을 보았다. 그곳의 주민들은 3세기 동안 영국인들의 침략과 해적들의 포악한 행위 등 온갖 공격에 저항하면서 꿋꿋이 견뎌 왔지만 이제는 콜레라에 대한 공포를 이기지 못하고 그곳을 버린 상태였다. 그들은 아직 그대로 남아 있는 성벽과 거리의 잡초, 제비꽃으로 뒤덮인 요새, 대리석 대저택, 황금 제단, 갑옷을 입은 채 페스트로 썩어버린 부왕을 보았다."

이 문장은 마르케스의 『콜레라 시대의 사랑』에서 후베날 우르비노 박사가 아내와 최초로 기구 여행을 하는 장면을 묘사한 것이다.

카리브해 연안 지역의 여행은 대개 남미에서 가장 활기찬 도시인 카르타헤나에서 시작된다. 카르타헤나의 남쪽은 산 베르나르도^{San Bernardo}의 자연 그대로를 간직한 섬들, 조용한 리조트가 있는 톨루^{Tolú} 그리고 파나마까지 이어진 긴 해변을 자랑한다. 반면 동쪽은 활기찬 바랑키야가 문화 중심지로서의 입지를 되찾아가고 있는 중이다.

마르케스가 영감을 받은 도시

가브리엘 가르시아 마르케스가 젊은 날을 보낸 도시가 바로 카르타헤나^{Cartagena}다. 그는 보고타의 콜롬비아국립대학교에서 법학을 공부했는데, 정치 폭력 사태 보고타소를 겪은 뒤 암살, 시위, 폭동이 끊이지 않자 법학 공부를 중단하고 카르타헤나대학으로 편입했다. 1950년에는 대학 공부를 중단하고 바랑키야로 이사했다.

20대 시절의 대부분을 카르타헤나와 바랑키야를 오가며 지낸 마르케스는 두 도시를 뒤섞어 놓은 가상의 항구도시를 『콜레라 시대의 사랑』의 배경으로 삼았다. 사랑했던 여자 페르미나를 다시 만나기 위해 무려 51년 9개월 4일을 기다린 남자 플로렌티노의 이야기다.

유네스코 문화유산으로 등재된 카르타헤나 구시가지

소설의 주인공 플로렌티노는 젊은 시절 전신기사로, 연애편지 대서인으로 일한 것으로 묘사된다. 마르케스의 아버지 역시 카르타헤나에서 문맹자에게 연애편지를 대필해 주는 전신기사로 일했다. 플로렌티노는 페르미나를 보고 사랑에 빠지지만 페르미나의 아버지는 그가 가난하다는 이유로 딸을 의사인 우르비노 박사와 결혼시킨다. 그런데 플로렌티노는 사랑을 포기하는 대신 페르미나의 남편이 죽기를 기다렸다가 자신의 사랑을 고백한다. 평범한 러브스토리처럼 보이는 이 소설의 기저에는 19세기 라틴아메리카 사회에 대한 비판과 풍자가 담겨 있다.

『콜레라 시대의 사랑』 외에 『족장의 가을』 『사랑과 다른 악마들』 등에도 카르타헤나가 등장한다. 특히 라 히로이카 La Heroica 지역의 좁은 자갈길은 마르케스에게 문학적 영감을 준 곳으로, 걸어서 일주가 가능하다.

카르타헤나 개요

- 콜롬비아 북부 볼리바르 주의 주도
- 카리브해 연안에 위치한 콜롬비아 최대 항구도시
- 5개 섬과 20개 해변이 있는 콜롬비아 제1의 관광도시
- 열대기후이며 연중 평균 기온이 27℃로 쾌적함

카리브해의 진주

해변을 따라 고층빌딩이 즐비한 항구도시 카르타헤나는 남미 대륙에서 가장 아름다우면서 잘 보존된 곳이다. 식민지시대 건축의 우아함과 열대 카리브해의 풍미를 모두 느낄 수 있다. 아름다운 역사적 건축물과 낭만적 분위기 때문인지 '콜롬비아의 보석' '카리브해의 진주'로도 불린다. 바이어와 여행자로 많은 도시를 다녀 보았지만, 카르타헤나만큼 비현실적으로 아름다운 곳을 알지 못한다. 죽기 전에 꼭 한 번 가 보아야 할 곳으로 강력하게 추천한다.

카르타헤나는 16세기 이후 스페인을 비롯해 유럽 국가들이 라틴아메리카에 들어오는 관문이었다. 거꾸로 스페인이 잉카제국과 아스테카제국을 무너뜨리고 라틴아메리카 전역에서 확보한 금과 은, 에메랄드를 본국으로 운반하기 위해 임시로 보관했던 장소였다. 같은 용도로 건설한 쿠바의 아바나 항구, 푸에르토리코의 산후안 항구 등 4개 항구도시 가운데 하나였다.

카르타헤나에서는 스페인의 건축 양식을 볼 수 있다. 구시가지를 11km의 성벽으로 둘러싼 성곽도시인데, 그중 아무라야다Amurallada 지역은 해가 지지 않는 제국 스페인의 영광을 그대로 간직한 역사적 중심지다. 해적과 외부의 적으로부터 도시를 방어하기 위해 축조된 성벽은 두께가 10m여서 그 위로 마차가 지나다닐 수 있었다. 이중 벽으로 이루어져 있는데, 외벽은 16세기에 지어졌고, 내벽은 17세기 스페인이 도시 방어력을 높이기 위해 추가로 건설되었다.

성벽의 안쪽과 바깥쪽은 결이 다른 세상이다. 성벽 안쪽으로는 스페인 식민지시대의 슬픈 역사가 역설적으로 아름다운 색깔의 주택과 벽들로 부활해 애잔한 꽃처럼 피어 있다. 성 위에서 내려다보는 카르타헤나의 전경은 한 폭의 그림 같다. 정문 역할을 하는 푸에르타 델 레로히 Puerta del Reloj(시계의 문)를 비롯해 여러 개의 문이 있는데, 서울로 들어가는 4대 문이 있는 우리나라와 비슷하다.

구시가지는 세 구역으로 나뉜다. 권력의 중심지로 귀족과 부유층이 살았던 산페드로 구역, 상인과 중산층의 거주 지역인 산디에고 구역, 평민과 노예 거주 지역인 게세마니 Getsemani 구역이다.

산페드로 구역에 있는 시계탑의 시계 바늘은 400년 전으로 돌아간 듯한 착각에 빠지게 한다. 구시가지 시우다드 비에하 Ciudad Vieja 구역은 16~17세기 스페인 식민지시대, 즉 신세계 개척시대의 정통 건축 양식을 그대로 간직하고 있다. 아름다운 발코니가 있는 안달루시아, 카탈루냐풍의 집과 바로크 시대의 성당, 수녀원, 유서 깊은 광장과 저택, 궁전, 정원, 요새가 줄을 잇는다. 1575~1612년 건설된 산페드로성당과 수녀원, 산토도밍고교회, 산디에고수도원 등이 대표적이다. 또한 1811년 콜롬비아가 스페인으로부터 독립한 다음에 세워진 '공화국 양식'의 건축물도 잘 보존되어 있다.

성의 주요 출입구 푸에르타 델 레로히는 노예 시장이 열렸던 북쪽의 로스코체스los Coches 광장에 이르는 길과 연결된다. 이 광장을 지나면 과거 마법과 이단에 대한 재판을 담당했던 종교재판소 건물이 나온다.

가혹했던 종교재판

스페인의 종교재판은 가혹하기로 유명했다. 왜 그랬을까? 정치적·경제적 이유가 있었다. 원래 이베리아반도에서는 기원전 10세기에 유대인이 정착해 살기 시작했다. 8세기부터 800년간은 무슬림이 지배했다. 1469년 콜럼버스의 신대륙 탐험을 후원했던 스페인왕국의 이사벨라 여왕은 아라곤의 페르난도 2세와 혼인했는데, 이른바 '결혼동맹'이었다. 이후 '레콩키스타Reconquista(국토회복운동)'를 통해 1492년 초에 스페인 통일 왕국을 수립했다.

스페인 왕실은 부를 누리고 살던 유대인과 무슬림을 이베리아반도에서 추방하고 그들의 재산을 합법적으로 몰수하고자 했다. 그래서 1492년 3월 31일 알함브라칙령을 발표했다. 칙령의 골자는 "신성한 가톨릭 교리를 어지럽히는 유대인은 가톨릭으로 개종하거나 4개월 내로 스페인왕국에서 떠나라"는 유대인 추방령이었다. 많은 유대인이 개종하고 재산을 유지한 채 남아 있었지만 그들 가운데 거짓 개종자가 적지 않았다. 스페인 왕실은 그들의 재산을 탈취하기 위한 수단으로 국가종교재판소를 공인했다. 여기에는 국가 재정을 보충하고 불만 세력을 억압하려는 의도가 깔려 있었다. 종교재판소가 존속하는 동안 34만 명의 희생자가 나왔는데, 그중 3만 2,000명이 화형을 당하고 29만 명이 처벌을 받았다는 기록이 남아 있다.

종교재판이 시작되면서 스페인 사회는 쇠퇴의 길을 걸었다. 종교재판은 고발자가 누구인지 묻지 않았다. 그러다 보니 사적 원한을 푸는 데 이용되기도 했고, 밀고와 고발이 끊이지 않으면서 서로를 믿지 못해 사회는 역동성을 잃고 침체에 빠졌다.

알함브라칙령도 스페인왕국의 몰락을 재촉했다. 칙령 이후 스페인·포르투갈계 유대인 가운데 4~10만 명이 영국이나 네덜란드 등 다른 유럽 국가로 이주했다. 스페인왕국의 금융과 유통망을 장악하고 있던 세파르디^{Sephardi}가 대거 빠져나가자 스페인 경제는 급속히 붕괴하기 시작했다. 그리고 칙령 발표 60여 년 뒤인 1557년 스페인왕국은 파산하고 말았다.

카르타헤나 남서쪽의 자그마한 섬에는 평민 거주지인 게세마니가 있는데,

현재 박물관으로 사용되는 종교재판소

이 구역은 독립전쟁이 발발했을 때 독립군 편에 선 저항의 공간이었다. 지금은 가난한 예술가들이 모여 사는 문화 지대로 좁은 골목길을 따라 예술성 높은 벽화, 낙서, 금속 조각 등으로 장식된 놀라운 거리 예술을 만날 수 있다.

1984년 유네스코 세계문화유산으로 등재된 카르타헤나의 구시가지를 걷다 보면 현실감을 잃고 만다. 큰 대문 하나하나, 대문에 집안의 문장을 형상화해 만들어진 고풍스러운 커다란 손잡이, 창문마다 아름답게 드리워진 꽃 등 모든 집이 누가 누가 더 예쁜가 경쟁하는 듯하다. 실제로 매년 가장 아름답게 관리된 집을 뽑아 등수를 매기고 상을 준다고 한다. 하나하나의 집이 자기만의 이야기를 들려주듯 정말 아름답다.

카르타헤나의 부침

스페인왕국의 가장 유명한 군사 기술자이자 건축가인 이탈리아 태생의 후안 바우티스타 안토넬리Juan Bautista Antonelli가 요새를 건축했다. 파나마 동부와 콜롬비아 북서부 사이에 위치한 다리엔만은 폭이 좁아서 선박이 정박하기에 유리했으며 훌륭한 자연 방어막이 형성되어 있었다. 요새는 착공부터 완공까지 무려 120여 년이 걸렸는데, 당시 아프리카 노예들이 동원되었다.

명칭은 스페인 남부 항구인 카르타헤나에서 따왔는데, 스페인과 구분하기 위해 카르타헤나 데 인디아스, 즉 서인도제도의 카르타헤나라고 표기했다. 17~18세기에는 카리브해를 오가는 상인들의 무역 중심지이자 남미 최대의 노예 교역 창구 역할을 했다.

카르타헤나가 번성하면서 '영광의 도시La Heroica'로 불리자 카리브해의 해적들이 자주 출몰해 물자를 약탈해 갔다. 또한 프랑스와 영국 등이 눈독을 들였고, 영국 함대가 침공하기까지 했다. 그러나 19세기에 시몬 볼리바르가 보고타를 콜롬비아의 수도로 정하면서 카르타헤나는 쇠락의 길을 걷기 시작했다.

20세기 이후 교통이 정비되면서 카르타헤나는 다시 교통의 요충지로 거듭나게 되었다. 특히 인근의 석유 개발 붐과 함께 빠른 속도로 성장하기 시작했다. 2016년에는 콜롬비아 정부와 FARC 간 최종 평화협정 서명식이 카르타헤나에서 있었는데, 당시 프란치스코 교황이 막후 역할을 해서 이끌어 낸 그 서명으로 50년 전쟁이 종식되었다. 반군 사령관, 콜롬비아 분쟁 희생자, 존 케리 미 국무장관, 라울 카스트로 쿠바 대통령이 참석한 가운데 후안 마누엘 산토스 콜롬비아 대통령과 반기문 유엔 사무총장이 행사를 주도했다. 이 자리에서 노벨평화상을 수상한 산토스 대통령은 카르타헤나를 "콜롬비아의 평화 도시다"라고 선언했다.

보물선, 보물섬, 캐리비언의 해적

"1708년 6월 8일 금요일 오후 4시 당시 시세로 5,000억 페소에 달하는 금은보화를 싣고 카디스를 향해 떠났던 산호세호가 출항한 지 얼마 되지 않아 항구 입구에서 영국 함대에 의해 침몰되었고, 200년의 긴 세월이 지났지만 아직도 인양되지 않고 있다."

마르케스의 『콜레라 시대의 사랑』에 보면 보물선 산호세호 이야기가 나온다. 보물선과 보물섬은 어린 시절은 물론이고 어른이 되어서도 듣는 순간 호기심이 스멀스멀 차오르고 가슴이 설레는 단어다. 하지만 마르케스는 팩트를 추구하는 기자 출신답게 구체적이면서 사실적 묘사를 선보인다.

"사실 그 배는 '티에라 피르메' 함대의 기함이었고, 1708년 5월 이후 이곳에 도착했다. 그 배는 파나마의 전설적 장터였던 포르토벨로항에서 그 보물의 일부를 싣고 왔는데, 거기에는 페루와 베라크루스에서 가져온 은 300상자와 콘타도라섬에서 모아 온 진주 110상자가 실려 있었다. 티에라 피르메 함대는 이곳에 정박해 있으면서 밤새 축제를 벌였으며, 한 달 동안 스페인 왕국을 가난에서 구하기 위해 나머지 보물을 선적했다. 무소와 소몬도코에서 가져온 에메랄드 116상자와 금화 3,000만 개가 그것이었다. 티에라 피르메 함대는 최소한 크고 작은 배 열두 척으로 이루어져 있었으며, 중무장한 프랑스 소함대의 호위를 받으며 이 항구를 출발했다. 그러나 이때 영국 소함대가 소타벤토군도에서 티에라 피르메 함대가 만을 출발하기를 기다리고 있었으며, 프랑스 소함대는 찰스 웨이저 사령관이 이끄는 영국 소함대의 정확한 함포 사격에서 그 함대를 구해 낼 수가 없었다. 산호세호가 그곳에 침몰한 유일한 배라고 볼 수는 없었다. 그러나 의심의 여지가 없는 것은 산호세호가 후갑판에서 꼼짝도 하지 않은 사령관과 승무원을 모두 태운 채 가장 먼저 가라앉은 배였고, 그 안에 대부분의 짐이 실려 있었다는 것이다."

남미와 스페인 사이를 오가던 대형 범선 산호세호는 스페인 국왕 펠리페 5세의 소유였다. 식민지 쟁탈전을 벌이던 영국 함대와 카리브해에서 교전 도중 침몰했는데, 침몰 당시 배에는 군인과 선원 600명이 승선해 있었다고 한다. 식민지 볼리비아와 페루 등지에서 약탈한 금화, 은화, 보석 등 귀금속 1,100만 개와 에메랄드, 귀중품 등 200톤가량이 실려 있었던 것으로 추정된다. 현재 가치로 환산하면 170억 달러(한화 약 22조 원)에 달한다고 한다.

산호세호는 배 안에 실린 막대한 보물 때문에 '난파선의 성배'라고 불리며 보물선 사냥꾼들의 탐사 대상이었다. 이 배가 침몰한 장소는 카르타헤나 해안이라고만 알려졌을 뿐 정확한 지점은 알려지지 않았다.

300년간 전설 속에 묻혀 있던 산호세호는 1981년 미국 회사 글로카 모라가 보물선의 위치를 찾았다고 주장하면서부터 현실세계로 떠올랐다. 글로카 모라는 산호세호를 회수하면 보물의 절반을 받기로 하고 콜롬비아 정부에 좌표를 넘겼다. 2015년 콜롬비아 정부는 자국 해군이 탐사 과정에서 산호세호를 찾았다고 발표했는데, 발견한 위치가 글로카 모라가 제공한 좌표와 다르다고 주장했다. 이에 글로카 모라는 소송을 제기했고, 미국 법원은 원고의 소유권을 인정하는 판결을 내렸다.

엎친 데 덮친 격으로 스페인 정부가 "침몰 당시 선박이 스페인 국기를 달고 있었다"라고 하면서 소유권을 주장했다. 볼리비아도 "원주민 조상이 강제 노역으로 채굴한 금은보화이니 우리가 원소유주다"라며 일부 소유권을 주장했다. 그러자 인양 작업에 착수했던 콜롬비아 정부는 소유권 문제가 해결될 때까지 인양을 중단하기로 결정했다.

2023년 콜롬비아 정부는 2024년 4~5월에 산호세호를 인양할 계획이라고 발표했다. 이 모든 일은 카리브해가 아니고서는 일어날 수 없는 마술이자 환상이다. 카르타헤나는 바로 그 카리브해의 앙꼬 같은 존재다.

카스티요 산 펠리페 데 바라하스 요새

구시가지 외곽 동쪽 해발 40m 바위산 위 산 라자로 언덕에 위치한 라틴아메리카 최대 규모의 성이다. 해적과 외적으로부터 도시를 보호하기 위한

산 펠리페 데 바라하스 요새

목적으로 바위를 깎아 언덕 꼭대기에 삼각형 모양으로 건설되었다. 육로와 해로를 통해 도시로 진입하는 길목을 장악할 수 있어 수적으로 우위를 점한 영국군의 공격도 막아냈고, 외부 세력에게 한 번도 점령당한 적이 없어 난공불락의 요새라는 명성을 얻었다. 스페인 군사공학의 백미로 평가받는 이 요새는 웅장한 입구와 내부의 복잡한 터널 미로가 인상적이다. 1984년 유네스코는 카르타헤나의 역사적 중심지인 구시가지와 함께 이 성을 세계문화유산으로 등재했다.

바라하스 요새는 바닥이 넓고 난간으로 갈수록 좁아지는 벙커 스타일이다. 포대와 난간이 서로 보호하고 있어 전체 방어 시스템을 점령하지 않고는 포대를 점령하는 것이 불가능하다. 주둔지는 8개의 포대와 200명의 병사, 4명의 포수로 구성되어 총 68개의 포가 도시를 향하고 있다. 이 요새의 수로와 방파제는 빗물을 처리하는 역할을 한다.

바라하스 요새는 17세기 후반부터 19세기 초까지 유럽 열강 간의 여러 전투에 연루되기도 했다. 영국은 1740년 스페인이 장악하고 있던 카리브해의 해상권을 탈취하기 위해 1741년 3월 에드워드 버논 제독을 보내 대규모 병력으로 카르타헤나 앞바다에 진을 쳤다.

당시 영국의 전력은 전함과 수송선 186척, 병력 2만 8,000명의 대군이었다. 이에 비해 카르타헤나의 전력은 전함 6척과 정규군과 원주민, 아프리카 노예 후손으로 구성된 비정규군을 합쳐 3,600명이 전부였다. 수적 우세에 버논 제독은 본국에 승전보부터 보냈고, 영국 의회는 카르타헤나 함락 기념 메달까지 주조했다. 그런데 카르타헤나의 블라스 데 레소 장군의 전술에 휘말려 영국군은 대패하고 말았다.

스페인 북부 바스크 지방 출신인 블라스 데 레소 장군은 12세 때 해군에 입대한 뒤 평생을 전쟁터에서 보낸 군인으로, 여러 전투에 참전해 다리와 눈, 팔을 잃은 장애 용사이기도 했다. 당시 카르타헤나 방어 사령관이었던 그는 다윗과 골리앗의 싸움에서 골리앗을 격파하고 고국에 승전보를 알렸다. 전투 중 입은 부상이 악화되어 52세의 나이로 숨진 그는 콜롬비아의 전설이 되었다.

전투에 쓰이던 요새는 이제 세계적 콘퍼런스 센터로 탈바꿈했다. 1994년 이베로-미국 정상회담이 열렸는데 라틴아메리카, 포르투갈, 스페인 정부와 국가수반 21명이 참석했다. 비동맹운동 정상회담(1995년), 리오그룹 정상회담(2000년) 등도 여기서 개최되었다. 2012년 미주 정상회담에는 버락 오바마 미국 대통령, 힐러리 클린턴 전 국무장관, 캐나다에서 아르헨티나에 이르는 정부와 미주 국가원수가 참석했다.

고급 호텔과 고층빌딩이 즐비한 보카그란데의 전경

그 밖의 명소들

• 보카그란데 Bocagrande

구시가지 동쪽 카리브해로 둘러싸인 반도에 위치해 있으며 방파제가 보호막 역할을 하고 있다. '큰 입'이라는 뜻을 가졌는데 인구 대부분이 중산층과 상류층으로 부촌 지역이다. 고급 호텔과 고층빌딩, 현대적 쇼핑몰, 레스토랑, 바, 나이트클럽 등 다양한 엔터테인먼트 요소가 있고 깨끗한 해변과 해안가 산책로가 있다.

• 카르타헤나 항구

아름다운 모래 해변이 많고 탁 트인 푸른 바다 전망으로 유명하다. 또한 콜롬비아에서 치안이 가장 좋아서 크루즈선의 인기 기항지다.

• 로사리오제도

카르타헤나에서 북서쪽으로 약 100km 떨어져 있다. 산 베르나르도, 무쿠라, 티에라봄바, 바로 등 다양한 섬으로 이루어진 군도로 청록색 바다와 백사장, 산호초, 야생동물이 있는 열대 낙원이다.

산타 마르타 Santa Marta

카리브해의 대표적인 항구도시 산타 마르타는 때 묻지 않은 정글과 해변이 있는 파르케 나시오날 내추럴 타이로나Parque Nacional Natural Tayrona와 세계에서 스쿠버 다이빙을 가장 저렴하게 배울 수 있는 곳 가운데 하나인 타강가Taganga 등 매력적인 곳이 많다. 산타 마르타에서 시우다드 페르디다Ciudad Perdida로 5일간의 트레킹을 떠나거나 독립적인 와유족의 고향인 과히라반도를 탐험할 수도 있다.

산타 마르타는 마그달레나 주의 주도이며, 1525년 로드리게스 데 바스티다스가 건설한 콜롬비아에서 가장 오래된 식민지 도시로 인구는 41만 5,270명이다. 이곳에서 가장 빛나는 건 자연이다. 울창한 나무의 초록빛, 바다의 파란빛, 태양과 모래의 노란빛, 시에라네바다산맥의 하얀빛과 해변의 대조적 모습이 만들어낸 경관은 그야말로 백미다. 산타 마르타의 평균 기온은 28℃로 높은 편인데, 시에라네바다산맥에서 불어오는 미풍의 영향으로 건조하고 온화한 날씨가 지속된다.

산타 마르타의 전경

백사장이 길게 이어진 해변과 잃어버린 도시, 울창한 국립공원 등으로 '카리브해의 낙원'으로 불린다. 콜롬비아 주민들이 휴가를 즐기기 위해 찾아오는 항구도시이며, 아름다운 해변과 특유의 문화로 일상과 단절시켜 주는 매력이 있다.

산타 마르타는 수십 년 전만 해도 마약과 매춘으로 악명이 높았고, 게릴라 단체가 장악했던 곳이기도 하다. 그러나 콜롬비아 정부가 행정력을 되찾으면서 관광과 경제의 중심지로 떠올랐다. 남미의 독립 영웅 시몬 볼리바르가 말년을 보낸 유서 깊은 도시이기도 하다.

이 지역에는 코구이족, 아르후아코족, 칸쿠아모족, 위와족을 포함해 3만여 명의 원주민이 살고 있다. 1979년 생물권보호구역이자 유네스코 세계문화유산으로 지정되었다.

산타 마르타는 타이로나 문화의 중심지였으며 오래된 식민지시대 도시로 역사적 유산이 많다. 노을이 아름다운 말레콩 데 바스티다스 산책로는 꼭 가 보길 추천한다. 또한 타강가는 시간이 정지한 듯한 마을로 산업화의 흔적도, 유명한 호텔도, 체인 음식점도 없는 소박한 로컬 분위기를 느낄 수 있는 휴양지다. 마을에서 파는 모든 물건은 손으로 하나하나 만든 수공예품이다.

시몬 볼리바르가 마지막으로 머물렀던 킨타 데 산 페드로 알레한드리노도 산타 마르타에서 빼놓을 수 없는 곳이다. 8월 말에서 9월 초에는 카리브해 국제연극페스티벌이 열린다.

산타 마르타의 대표 음식으로는 치피치피(산타 마르타 해변을 대표하는 해산물 수프), 생선 튀김, 파타콘(푸른 바나나를 튀긴 요리), 아로스 콘 코코(코코넛 밀크로 조리한 쌀 요리), 코카다 과자 등이 있다.

시우다드 페르디다

시우다드 페르디다Ciudad Perdida는 '잃어버린 도시'라는 뜻이다. 스페인 정복 당시 정글 속으로 사라졌다가 1970년대에 이르러서야 발견되었는데, 오랫동안 잠들어 있던 이 고대 도시를 발견한 사람은 다름 아닌 도굴꾼이었다.

카리브해 연안의 시에라네바다데산타마르타산맥 북쪽 깊숙이 자리 잡고 있는 이 도시는 해발 950~1,300m 리오부리타카계곡 상류의 가파른 경사면에 건설되었다. 콜럼버스 이전 시대에 이곳에는 다양한 원주민 공동체가 살았는데, 그중 치브차 어족에 속하는 타이로나Tayrona(타요로나로도 표기)가 이 지역을 지배했다.

타이로나족이 11~14세기에 건설한 이곳은 콜럼버스 이전 도시 가운데 라틴아메리카 대륙에서 가장 큰 도시였다. 타이로나 문명 최대의 정치·경제 중심지로 전성기에는 2,000~4,000명이 살았을 것으로 추정된다.

1499년 유럽의 정복자들은 타이로나 원주민의 선진 문화가 눈에 들어오지 않았다. 시에라네바다산맥에 묻혀 있는 황금향, 엘도라도의 신화에 몰두해 있었기 때문이다. 스페인 정복자들은 시에라네바다를 가로지르며 강력하게 저항하는 원주민과 사활을 건 전쟁을 치렀다. 75년간 계속된 전쟁으로 타이로나족은 거의 전멸했다. 소수의 생존자만이 고향을 버리고 시에라네바다산맥 상류로 피해 숨어 살았다. 그리하여 그들의 정착촌은 속절없이 자라는 나무가 조성한 정글에 휩싸여 시야에서 사라졌던 것이다.

그렇게 400여 년이 흐른 1970년대 초 현지인 플로렌티노 세풀베다와 그의 두 아들 훌리오 세자르와 하코보가 도굴 탐사를 하던 중 우연히 이 도시를 발견했다. 4세기 동안 사람의 손길이 닿지 않아 사람들의 기억에서 사라진 문명이 긴 잠에서 깨어난 것이다. 그러자 소문이 들불처럼 번지면서 또다른 도굴꾼이 몰려들었다. 급기야 라이벌 갱단 간에 싸움이 벌어졌고, 이때 훌리오 세자르도 숨졌다.

1976년 콜롬비아 정부는 군대와 고고학자를 파견해 유적지를 보호하고 유적지의 비밀을 알아내기 위한 노력에 나섰다. 그럼에도 산발적 전투와 약탈이 수년간 계속되었다. 도굴꾼들은 이 유적지를 '인피에노 베르데(녹색 지옥)'라고 불렀다.

콜롬비아 정부의 조사 결과에 따르면 타이로나의 목조 주택은 사라졌지만 테라스와 계단을 포함한 석조 구조물은 놀랄 정도로 잘 보존되어 있었다. 약 170개의 테라스가 발견되었는데, 각 주택의 기초였을 것으로 추정된다. 가장 큰 테라스는 중앙 산등성이에 있어 제의 의식을 위해 사용되었을 것으로 보인다. 도시의 중앙 부분은 다양한 돌길이 경사면의 다른 구역으로 이어지는 능선에 자리 잡고 있다.

최근 조사를 통해 약 300개에 이르는 타이로나 정착지가 발견되었다. 이 중에서 시우다드 페르디다가 가장 규모가 커서 타이로나의 수도였다는 게 정설이다.

고고학 발굴을 통해 발견된 타이로나의 유물에는 다양한 종류의 도자기(의식용과 생활용), 금 세공품, 준보석으로 만든 독특한 목걸이 등이 있다. 이들 물건 가운데 일부는 산타 마르타와 보고타의 황금박물관에 전시되어 있다.

시우다드 페르디다는 콜롬비아에서 가장 흥미진진한 하이킹 코스 가운데 하나로, 걸어서만 접근할 수 있다. 장엄한 열대 밀림을 지나야 신비로운 도시로 들어갈 수 있는데, 그 풍경과 기묘한 느낌이 오랫동안 기억에 남는다. 2008년 콜롬비아군이 이 지역의 준군사조직을 소탕하면서 시우다드 페르

시우다드 페르디다의 유적지

디다로 향하는 길에 건전한 경쟁이 시작되었다.

플라야 델 무에르토, 죽은 자의 해변

파르케 나시오날 내추럴 타이로나는 콜롬비아에서 가장 아름답고 깨끗한 해변으로 손꼽힌다. 이곳은 그림 같은 백사장과 거대한 야자수가 유명한데, 시에라네바다 데 산타 마르타의 높은 고도에서부터 눈사태처럼 휩쓸고 내려오는 무성한 정글이 병풍처럼 버티고 서 있는 게 특징이다. 더불어 거인이 지질학적으로 화를 낸 것처럼 반으로 갈라진 거대한 바위도 곳곳에 보인다.

한때 원주민 공동체가 죽은 자들을 묻었던 장소가 바로 죽은 자의 해변, 즉 플라야 델 무에르토다. 수정처럼 맑은 바닷물을 직접 볼 수 있는 이 신비로운 장소에는 갓 잡은 생선 요리와 시원한 맥주를 제공하는 판잣집도 있다.

바랑키야Barranquilla

카리브해 연안 마그달레나강이 긴 여정을 끝내고 쉬는 그곳에 콜롬비아 제1의 무역항 바랑키야가 누워 있다. 콜롬비아 북부 아틀란티코 주의 주도로 '아름다운 쿠람바'라는 별명으로도 불린다. 콜롬비아의 골든게이트(황금문)인 바랑키야는 지리적 요충지라는 특성 때문에 경제적·산업적으로 성장 가능성이 높다.

바랑키야 카니발의 모든 것

"여기 사는 사람이라면 최고의 축제를 즐겨라!"

바랑키야 카니발 기간에 주민들이 외치는 구호다. 150년의 역사를 자랑하는 바랑키야 카니발은 브라질 삼바 카니발과 쌍벽을 이루며, 2003년 유네스코 무형문화유산으로 지정되었다.

카니발은 매년 2월 말에서 3월 초, 즉 사순절 직전 4일간 열린다. '재의 수요일'에 시작되어 '꽃들의 전쟁'이 진행되는 토요일 절정에 다다른다. 매년

200만 명 이상 참여하는 이 카니발은 화려한 색채와 다양한 인종, 이야기, 바닷가 사람들의 흥과 환희와 더불어 쿰비아·마팔레·가라바토 등의 춤과 음악이 한데 모이는 장이다.

바랑키야 카니발은 유럽과 아프리카인, 아메리카 대륙 토착민, 혼혈인이 함께하는 대화합의 장이기도 하다. 이때 콜롬비아에 거주하는 아랍인과 유대인, 중국인 이민자 공동체 등도 참여한다. 덕분에 우리는 콜롬비아 땅에서 융합된 다문화의 춤과 음악의 향연은 물론 문화의 다양성까지 느낄 수 있는 것이다.

축제 참가자들은 다양한 분장을 하고 오감을 만족시키는 완벽한 경험에 빠져든 채 퍼레이드를 즐긴다. 거리를 가득 채운 사람과 그들의 몸에서 폭발하는 색채, 발이 춤추기 시작할 때까지 온몸을 관통하는 쿰비아의 돌진, 열정적 춤사위에서 뿜어져 나오는 땀 냄새, 여러 강변 지역에서 온 수십 개 그룹이 마그달레나강의 흐름을 따라 카리브해 문화공원에서 만난다.

각양각색의 가면을 쓴 무용수와 연기자, 가수, 악기 연주자들은 시사적 내용뿐 아니라 역사적 사건을 소재로 한 음악을 연주하고 촌극 공연을 펼친다. 카니발에 해학적 분위기를 더해 주는 건 조롱 섞인 연설과 위트가 넘치는 노래 가사로 현대의 정치 행태와 인물을 유머러스하게 풍자한다. 축제에 등장하는 꽃마차와 화려한 의상, 머리 장신구, 동물 가면 등은 종류도 다양하지만 지역 주민들이 한땀 한땀 정성을 들여 만든 수공예품이라는 점에서 시선을 끈다.

카니발에는 아메리카에서 유래된 미코스와 미카스^{Mico y Micas}, 아프리카 기원의 콩코^{Conco}, 스페인에서 유래한 팔로테오^{Paloteo} 등 민족을 대표하는 춤이 등장한다. 여기에 살사, 바예나토 등의 퍼포먼스가 곁들여진다. 음악은 드럼 합주나 다양한 관악기 합주가 대표적이고 퍼레이드에서 쿰비아와 푸야, 포로 등의 음악 장르와 퍼포먼스가 행해진다. 또한 민속악기인 탐보라, 알레그레, 드럼, 마카라, 클라베스 등이 한데 어우러진다.

춤과 음악으로 하나 된 축제

바랑키야 카니발은 전야제 행사, 메인 행사(그랜드 퍼레이드), 폐막을 알리는 호셀리토 카니발의 순서로 진행된다. 전야제에서는 '어린이 카니발' '카니발 퀸 콘테스트' 등이 펼쳐진다. 전야제에서 퀸으로 뽑힌 여성이 거리에 꽃을 뿌리면서 개막식이 진행되는데, 이는 '꽃들의 전쟁'이라고 불린다. 꽃들의 전쟁에서는 화려한 색깔과 아름다운 의상, 마음 깊은 곳에서 솟구치는 흥이

한껏 발산된다. 그랜드 퍼레이드에서는 전국 각지에서 실력을 자랑하기 위해 모여 수백 개의 전통 의상을 선보이는 '전통과 민속 그랜드 퍼레이드'와 가장 행렬인 '판타지 그랜드 퍼레이드' '쿰비아 축제' 등이 진행된다.

전통 의상과 가면은 카니발의 핵심 요소다. 의상은 정체성을 해체하고 모두를 평등하게 만드는 역할을 한다. 동시에 사람들을 일상과 동떨어진 다른 사람으로 변신시켜 일종의 음악적 무아지경에 빠져들게 한다. 기괴한 판타지로 장식된 거대한 수레가 뜨거운 태양 아래 수 킬로미터를 지칠 줄 모르고 행진한다.

바랑키야 카니발은 44번가의 카니발, 40번가의 쿰비오드로모에서 펼쳐지는 꽃의 전투, 17번가의 킹 모모 퍼레이드, 전통과 민속의 그랜드 퍼레이드, 콤파사 그랜드 퍼레이드 등 바랑키야의 여러 지역을 순회하는 다양한 퍼레이드를 한 번에 볼 수 있는 행사다. 관광객은 단순히 서서 구경만 하는 것이 아니라 무용수, 광대, 군중과 함께 춤을 추고 농담을 주고받는다. 이는 북소리에 맞춰 하나의 거대한 공연으로 융합된다.

카니발 기간에 사람들은 가수 조 아로요가 "나는 바랑키야에 남겠다"라고 호소하는 가사의 뜻이 무엇인지 공감하고 빠져들게 된다. 또한 "사는 자가 즐기는 자다"라는 카니발의 슬로건 역시 가슴에 와닿을 것이다. 바랑키

바랑키야 카니발

야 카니발을 상징하는 곡으로 유명한 〈테 올비테(나는 당신을 잊었어요)〉는 "나는 당신을 미친 듯이 그리고 억제할 수 없는 열정으로 사랑했어요"라는 말의 역설이기 때문이다.

축제에 등장하는 전통 춤에는 삶의 희로애락이 응축되어 있다. 아프리카 콩고에서 유래한 이 춤은 황소, 당나귀, 호랑이 등 커다란 토템을 상징한다. 동시에 큰 터번과 리본으로 높은 위계의 추장을 묘사하는데, 이 추장은 군대에 둘러싸여 전쟁을 준비한다. 축제 전체에 걸쳐 죽음을 향한 전쟁이 선포되는 셈이다.

마지막 날은 '호셀리토 카니발'의 시간이다. 호셀리토 매장 의식으로 축제는 막을 내리게 되는데, 호셀리토는 다음 해에도 부활해서 새로운 축제를 시작할 것이다.

칼리|Cali

콜롬비아 하면 커피와 함께 음악을 가장 먼저 떠올리는 사람이 많다. 콜롬비아의 지리적 특성은 개성이 넘치는 음악을 낳았고, 그 음악적 정체성은 경제에 활력을 불어넣고 있다. 콜롬비아의 '음악 문화'는 상상 이상의 인기를 누리고 있는데, 콜롬비아의 가장 잘나가는 수출품 가운데 하나가 드럼과 아코디언이다.

콜롬비아는 쿰비아, 살사, 바예나토, 참페타, 레게톤으로 유명하다. 콜롬비아의 도시예술운동은 힙합과 레게톤 같은 리듬을 기반으로 하는데, 이 운동은 젊은이들의 삶과 도시의 모습을 바꿀 수 있는 대안으로 부상하고 있다.

칼리를 움직이는 살사

바예델카우카 주의 주도인 칼리는 영화와 살사, 록, 그래픽 산업이 융성하면서 그 어느 때보다 활기차게 살아 숨 쉬고 있다. 칼리에서는 모두가 하나의 리듬에 맞춰 움직이는데, 바로 살사 리듬이다. 이 리듬에 따라 몸을 움직이면 그대로 춤이 된다. 수십 년 동안 칼리는 세계 살사의 수도로 군림해왔으며, 카르타헤나와 함께 살사 문화의 명소다. 칼리에서 음악은 단순한 오락을 넘어 도시를 하나로 묶는 통합의 요소다.

이곳에서는 세계 최고 살사 공연단의 무대를 볼 수 있다. 살사 음악의 고전에 해당하는 레코드판을 컬렉션할 수도 있다. 매년 9월에는 세계 살사 축제가 열리는데, 칼리에 소재한 모든 살사 아카데미뿐 아니라 다른 도시나 해외의 댄스 아카데미도 참여한다. 무려 5,000명이 넘는 무용수가 공연을 펼친다.

매년 12월 25~30일 열리는 칼리박람회는 콜롬비아와 라틴아메리카 대륙에서 가장 중요한 전통 축제다. 이 기간에 투우 경기, 미인선발대회, 푸드페어, 패션쇼, 살사 축제가 열린다.

칼리에는 127개 살사 아카데미가 모여 있고, 살사를 홍보하는 나이트클럽이 115개나 된다. 또한 전 세계적으로 인정받은 3,500명의 음악 애호가와 수집가가 칼리에 거주한다. 살사를 테마로 한 3대 축제인 칼리박람회(12월 25~30일), 월드페스티벌(9월), 국제살사비엔날레(9월)도 칼리에서 열린다.

칼리우드의 그래픽 산업

칼리는 그래픽 등 예술적 표현에서도 앞서가는 도시다. 콜롬비아의 영화 중심 도시이자 실험적인 연극의 주 무대이기도 하다. 칼리의 서쪽 산 안토니오에는 콜롬비아에서 가장 오래된 인쇄소 라 린테르나가 있다. 이 건물은 화려한 포스터로 덮인 거대한 물결을 연상케 한다. 화려한 파사드는 칼리의 문화적 영혼을 담은 엽서와 같다. '정글의 피아노'로 불리는 전통 악기 마림바^{Marimba}, 이국적인 과일 촌타두로^{Chontaduro}, 공명막이 달린 드럼 등 태평양 지역의 일상을 상징하는 아이콘이 화려하게 펼쳐져 있다.

이 도시 한가운데는 카리브해가 낳은 살사 음악의 거장 셀리아 크루즈, 헥터 라보에, 이스마엘 리베라가 있다. 이 파사드에는 1970년대 아이콘인 루이스 오스피나와 안드레스 카이세도에 대한 그래픽 헌사도 담겨 있다. 두 사람은 어렸을 때 이 작업실에서 영화 포스터를 인쇄했다고 한다.

라 린테르나의 문을 열고 들어가면 이 모든 포스터의 출처와 제작 방법을 이해할 수 있다. 19세기 후반에 제작된 두 대의 거대한 하이델베르크 기계가 리노레움 스탬프로 모바일 폰트를 인쇄한다. 기계의 금속성 굉음이 살사의 드럼, 관악기, 사람의 목소리와 함께 울려 퍼진다. 하이델베르크 인쇄소 옆에는 이곳에 활기를 불어넣은 인쇄소 운영자이자 거장들의 작품이 전시되어 있다.

살사의 수도로 불리는 칼리의 전경

칼리의 에르미타성당

라 린테르나는 칼리의 관광 명소이자 문화적 기준이 되었다. 그래픽 디자인을 통해 흑인 전통과 살사, 칼리우드를 상징적으로 보여준다.

라테르툴리아 현대미술관은 태평양 지역의 문화적 진원지다. 이 미술관은 1950년대 산안토니오 인근의 고물상에서 시작되었는데, 1970년대와 1980년대 그래픽 아트 비엔날레의 설립으로 미국 그래픽 제작의 중심지가 되었다. 미술관 컬렉션을 구성하는 1,800개의 작품 가운데 상당수가 이 장르의 작품이라는 사실은 놀랄 일이 아니다.

칼리에 대해 알아야 할 몇 가지

- 콜롬비아 남서부에 위치한 도시

- '천국의 지점'이라고도 불리는 콜롬비아 제3의 도시

- 주민의 40%가 아프리카계 콜롬비아인

- 주민의 6%가 원주민 커뮤니티 소속

- 세계 살사의 수도

- 건조한 날씨에 열대성 기후

산아구스틴고고학공원San Agustín Archaeological Park

산아구스틴고고학공원은 콜롬비아 남부 우일라 주에 위치한 고고학 유적지로, 카우카 주의 주도인 포파얀Popayán에서 남동쪽으로 140km 떨어져 있다. 높이는 해발 1,800m, 면적은 2,000km²로 유적지의 정상에는 눈이 덮여 있다. 스페인 정복 이전에 살았던 원주민 문화의 예술적 창조성과 상상력이 생생하게 보존되어 있어 콜롬비아의 고대 문화를 조용하고 평화로운 분위기에서 탐험할 수 있다.

안데스의 험준한 환경에서 피어난 고대 문화

콜롬비아의 고대 원주민 문화는 북부 안데스의 험준한 열대 환경에서 한때 번성했다. 농경기 이전 시대인 기원전 3300~3600년에는 석기 기술을 보유한 사람이 혈족 사회를 구성해 살았던 것으로 추정된다. 이들은 현무암 조각을 사용해 도구를 만들었다. 주 식량은 야생 과일로, 사냥이 일반화되지 않았을 때다. 기원전 7세기경에는 농사를 짓고 그릇을 사용하는 초기 사회가 등장했다. 족장이 지배하는 작은 촌락이었을 것으로 추정되며, 사람들은 평지나 완만한 경사지에서 옥수수를 재배했다. 하지만 계단식 단이나 배수 시설이 아직 없어 강 근처에 흩어져 살았다.

이곳의 문화는 콜롬비아 남서부의 문화와 연계되어 기원후까지 이어진다. 방사성 탄소 연대 측정법에 따르면 이곳에 기원전 1세기쯤 금세공이 등장했고, 이후로 차츰 발전했다고 한다. A.D 1세기에는 석조 예술이 번성했으니 바로 '아구스틴 문화'다. 인구가 늘어 언덕의 정상에 새 주거지가 조성되고 유지되었다. 경제는 옥수수 경작에 기반을 뒀으며, 새 농경지가 개척되기 시작했다. 사회는 통합되었고 족장에게 권력이 집중되어 방대한 근로 작업이 가능했던 것으로 보인다.

이 공원은 대부분 무덤, 고대의 길, 들판의 경계선, 배수로, 인공 기단의 증거와 관련된 고고학 경관이 있어 고대 문화를 이해하는 데 도움이 된다. 이곳은 신성한 땅으로 여겨져 순례지 또는 조상을 경배하는 장소로 사용되었다. 당시 원주민들은 입, 뾰족한 송곳니, 뱀을 먹는 새, 크고 둥근 눈으로 장식된 커다란 석상 등을 무덤에 표시했다. 높이 4m 이상이고 무게가 수 톤에 달하는 신관의 호위대는 응회암과 화산암으로 조각되어 있다. 그리고 당시 거석상은 장례실과 거석 석관, 매장지를 지키는 역할을 했다.

산아구스틴고고학공원의 거석상

산 아구스틴과 마그달레나 협곡의 양쪽 언덕을 가로질러 석상 조각 수백 개가 흩어져 있다. 그중에는 크고 복잡한 작업을 거쳐야 하는 것도 적지 않다. 거대한 기념물과 계단식 단, 사원으로 추정되는 건축물도 볼 수 있다. 다양한 종교 세계가 존재했고, 일부는 마법 숭배라는 사회적 현상을 반영하고 있다. 안데스의 심장인 산 아구스틴 지역과 엘 우일라 지방에는 무서운 얼굴을 한 신이나 곤봉으로 무장한 전사, 둥근 눈과 날카로운 이빨을 가진 신화 속 영웅 등 300개의 거석상이 있다.

주요 고고학 유산으로는 인공 고분과 계단식 단, 석상이 있는 라스 메시타스Las Mesitas, 돌침대에 조각된 종교적 유산이 있는 푸엔테 데 라바파타스Fuente de Lavapatas, 전 지역에서 온 석상의 표본이 있는 보스케 데 라스 에스타투아스 Bosque de Las Estatuas가 있다.

중남미 역사학자들에 따르면 이런 문화적 발전이 8세기에 중단된 것으로 보이는데, 기념 건축물과 석상 조각이 버려진 데서 이렇게 추측한다. 같은 기간에 콜롬비아 남서부 다른 지역에서도 똑같은 일이 벌어졌다. 이를 통해 이 지역의 문화적 통합이 해체되었음을 알 수 있다.

아마존 지역의 카케타강 상류에 살았던 사람들은 새로운 농경 기술을 보

산아구스틴고고학공원의 전경

유하고 있었으며, A.D 1000년경 이 지역에 정착했을 것으로 추정된다. 스페인이 정복하기 전까지 이 지역의 전통 수공예품 생산이 크게 줄었는데, 이는 인구 증가를 가져온 농경 기술의 발전에도 불구하고 문화적 측면에서는 발전하지 못했음을 보여준다. 주거지와 농경지는 모두 언덕 경사면으로 이동했다. 그러면서 주거지와 경작지의 계단식 경사 구조, 낮게 경사진 배수 시설이 등장했고 위계 구조는 더 발달했다.

그후 산아구스틴에 살던 많은 부족은 열대우림으로 들어갔다. 이 지역의 사회 구조나 농경 구조로는 스페인의 종교적 압력과 상업적 압박을 버텨낼 수 없었던 것이다. 산아구스틴에 식민지 정착촌이 등장한 시기는 1608~1612년이었다. 당시 토착민들에게 가톨릭을 전파하는 중심지가 되었는데, 스페인 주택이 들어서고 혼혈인이 이주하면서 포파얀과 푸투마요 정글로 이어지는 경로의 교차점이 되었다.

야나코나

산 아구스틴 지역에 사는 원주민을 '야나코나Yanakuna'라고 불렀는데 이는 노예라는 뜻이다. 문명이 발달했던 잉카나 스페인에 의해 페루와 에콰도르에서 노예로 끌려왔는데, 그것이 공식 명칭으로 굳어졌다. 인구는 약 4만

5,000명으로 스페인어만 사용한다. 이들은 콜롬비아 내에서 생존권을 인정받기 위해 오랜 기간 투쟁해 왔다. 정치적·경제적 동기를 갖고 정부가 토착민으로 수용해 주길 바라면서 투쟁하고 있는 부족도 있다. 여기서 토착화는 부족이 사유지를 주장할 수 있고 보호구역으로 지정해 달라는 뜻이다.

2014년 9월, 야나코나족은 자신들의 농장과 조상 말로카(영적 전당) 접근권을 놓고 '파로(도로 차단) 시위'를 벌였다. 이로 인해 산 아구스틴 아르케올로기코공원은 사실상 폐쇄되었다. 그들은 정부가 약속을 파기(약속 위반)했다고 주장하는데, 이 분쟁은 10년 넘게 계속되고 있다. 공원 관리자들은 야나코나족이 공원 도로를 이용하면서 발생하는 피해를 우려한다. 콜롬비아 고등법원은 야나코나족에게 불리한 판결을 내렸고, 야나코나족은 이 판결에 불복해 투쟁을 이어나가고 있다.

포파얀Popayàn

카우카 주의 주도 포파얀은 식민지시대인 1537년 스페인 정복자 세바스티안 데 벨랄카사르에 의해 세워졌다. 스페인 식민 지배 때 하얀 페인트로 칠해진 건축물이 잘 보존되어 '하얀 도시'로 불리게 되었다. 바로크 양식의 멋진 건축물과 종교 관련 예술품, 유물이 많은 포파얀에서 가장 중요한 종교적 랜드마크는 '샌프란시스코교회'다.

포파얀의 해발 고도는 1,737m이고 인구는 25만여 명이다. 예수 그리스도의 희생과 부활을 찬양하는 축제인 '부활절 행렬'로 유명한데, 1556년 스페인 정복자와 원주민의 결속을 다지고 가톨릭 포교 활동 차원에서 시작되었다. 스페인 국왕 펠리페 2세가 포파얀 행렬을 공식적으로 인정해 460년 이상 조상 대대로 이어져 내려오면서 지역 공동체의 사회적 결속과 정체성을 강화시키는 종교 축제로 자리 잡았다.

5일간 마리아, 그리스도, 십자가, 무덤 속에 누워 있는 예수, 예수 부활을

'하얀 도시' 포피얀

주제로 한 5가지 행렬이 도심을 통과해 2km를 행진한다. 포파얀의 산아구스틴교회가 행렬의 시작이자 끝이다. 그리스도 나무 조각상을 중심으로 꽃 장식된 제단이자 성유물 수레 '파소^{Psos}'를 8명의 카르게로(수레꾼)가 둘러메고 행진하는데, 밤마다 15개 파소가 등장한다. 조각상은 대부분 18세기 말부터 이어져 온 것으로 부활절 이야기로 꾸며졌다. 길 양옆으로는 숭배자들이 촛불을 들고 따라간다. 이 행렬은 예술적 특징(금박·가구 세공)을 보여주며 음향과 향(냄새)이 독특하다.

매 행렬마다 꽃의 색깔이 달라진다. 화요일은 순수함을 나타내는 흰색, 수요일은 구원을 상징하는 분홍색, 목요일은 희생을 뜻하는 붉은색, 금요일은 참회의 보라색, 부활절 전날인 토요일은 여러 색의 꽃을 총동원해 화려하게 장식한다. 4일째 행렬까지 예수의 죽음을 애도한 뒤 부활절 전날인 5일째 행렬에서는 부활의 영광과 환희를 표현하고 있다.

이 부활절 행렬을 준비하는 데 꼬박 일 년이 걸린다. 대부분 18세기 말에 만들어진 조각상을 새로 손보고 복원하는 데 많은 시간을 할애한다. 그래서 예술품인 수레와 제단도 잘 관리되고 있다. 어린 아이들은 다섯 살부터 '작은 행렬'에 참여해 오래된 전통을 익힌다. 이곳 주민들은 이런 방식으로 정체성과 소속감을 형성하고 유지해 왔다. 부활절 행렬을 통해 사회적 결속과 정체성을 강화하며 생활 방식과 언어, 맛, 향, 심지어 정서까지 변화시켜 왔다. 다양한 배경을 가진 사람들은 "우리 모두는 제단 아래서 평등하다 we are all equal beneath the shrine"라는 모토 아래 공동체의 삶과 기쁨, 인내와 존중을 표현하는 이 행사를 치른다.

1983년 3월 포파얀에서 지진이 발생해 도시가 일부 파괴되었음에도 주민들은 부활절 행렬 행사를 지키려고 애썼다. 다행히도 조각상들이 심하게 망가지지 않아서 1984년 주민들은 축제를 열 수 있었다.

포파얀은 2005년 유네스코 창의 도시 네트워크 부문에서 '미식의 도시 City of Gastronomy'로 선정되었다. 부활절 축제 기간 여러 지역의 음식을 선보이는데, 그것이 높은 평가를 받은 것이다. 2009년에는 유네스코 무형문화유산으로 지정되었다.

사탕수수를 이용해 커피 생두에서 카페인을 추출해 낸 디카페인 커피(포파얀 슈가케인 디카페인)가 이 지역에서 생산된다. 생두의 세포 구조를 근본적으로 파괴할 수 있는 과도한 열이나 압력을 방지해 커피의 고유한 맛을 유지하면서 단맛을 높인다.

오색강Caño Cristales River

다섯 가지 색깔을 띠어 '무지개강'이라는 별칭이 생겼다. 콜롬비아 중부 메타 주의 세레니아 마카레나에 있다. 안데스산맥 기슭에 위치하며, 세계에서 가장 아름다운 색깔을 가진 강이다.

콜롬비아 현지어로는 '카뇨크리스탈레스강'으로 빨강, 노랑, 초록, 파랑, 검정 등 다섯 가지 색을 띤다. 그 이유는 물속 바위와 강바닥에 자생하는 수생식물이자 희귀 수초 마카레니아 클라비게라Macarenia clavigera의 영향 때문이다. 이 식물이 햇빛에 오색 빛깔로 반사되어 비춰지고 형형색색의 초현실적 풍광을 연출해 동화 속 한 장면을 연상케 한다는 것이다.

과학적으로 카뇨크리스탈레스강은 아마존 열대우림을 포함한 세 가지 주요 생태계가 합류하는 지점에 위치한다. 다양한 동식물 종이 서식한다는 뜻이다. 생생한 자연의 무지개 색상이 나타나는 이유에는 강에 작은 입자 물질이 상대적으로 부족하기 때문인 점도 있다. 산에서 내려온 카뇨크리스탈레스강의 차가운 물은 따뜻한 물에서 발견되는 영양분이 부족하지만 매우 맑다. 이런 특별한 요인이 조화를 이루면서 카뇨크리스탈레스강이 세계에서 가장 아름다운 강 중 하나가 되었다는 것이다. 7~11월에 이 강은 노란색, 녹색, 파란색, 붉은색으로 옷을 갈아입으며 절정을 이룬다.

2016년부터 이 강을 찾는 여행객이 크게 늘었다. 강 유역을 점령하고 있던 콜롬비아 최대 무장조직 FARC가 정부와 평화협정을 체결했기 때문이다. 협정이 맺어진 2016년 한 해에만 1만 6,000명이 이 강을 찾았다. 여행 붐으로 지역 경제도 활기를 띠게 되었는데, 인근 마을 수백 가구의 주민이 여행자를 위한 민박집을 운영하거나 가이드 일을 시작했다.

그러나 강의 생태를 걱정하는 목소리가 이어지고 있다. 사람의 발길이 닿지 않았던 곳이라 여행객이 조금만 늘어도 생태계 균형이 무너질 수 있다는 것이다. 콜롬비아 당국은 지난해 8월과 12월 두 차례에 걸쳐 카뇨크리스탈레스를 임시 폐쇄했다. 건기를 맞아 강 수위가 내려가는 시기라서 한층 더 세심한 보호가 필요하다고 판단한 것이다.

청명한 하늘과 맑은 오색강

COLOMBIA ————————————————

알아두면 도움이 되는
콜롬비아 여행 정보

콜롬비아인

콜롬비아인은 남미 사람 가운데 가장 따뜻하고 친절하다. 이들처럼 다정하고 금방 만나도 오래된 친구 같은 사이가 되는 사람은 좀처럼 찾기 어렵다. 아름다운 산과 바다로 이루어진 콜롬비아의 지리적 다양성이 국민 정서에 영향을 미쳤다는 생각이 든다.

콜롬비아인은 손님에게 친절하며 자국의 문화와 전통을 보여주는 것에 자부심을 갖고 있다. 처음 만났을 때 가장 일반적인 인사법은 악수이고, 이들은 말할 때 존경과 관심을 표현하기 위해 눈을 자주 마주친다.

보고타나 메데인, 칼리 등 안데스 도시에 사는 사람들은 부지런하며 정확한 스페인어를 구사하고 격식을 갖춰 이방인을 대하는 반면 코스테뇨(해안가 출신) 사람들은 좀 더 느긋하고 억양이 강한 매력적인 스페인어를 구사한다. 내전의 영향을 받은 원주민과 오지에 사는 사람들은 생존을 위한 생활을 하다 보니 주류 사회와는 동떨어진 모습을 보여준다.

그런데 이런 극단적인 상황에서도 콜롬비아는 중남미에서 중산층이 가장 많다. 콜롬비아의 자유시장정책과 상대적으로 낮은 부패 수준은 중산층 비율을 높이는 데 일조했다.

의사소통에 있어 스페인어가 공용어이지만 영어 사용 인구도 많아서 보고타나 메데인, 카르타헤나 등 대도시를 비롯해 관광지나 호텔, 식당에서 영어를 사용하기가 편하다.

가족

콜롬비아 사람은 가족적 유대가 강하다. 지배 종교는 가톨릭이지만 미사에 참석하는 사람은 거의 없다. 콜롬비아 가정의 중심은 여성으로 가정 밖에서는 남성이 책임자지만, 가정 안에서는 여성이 집안을 이끌어간다. 또한 내각 장관과 외교 대사를 포함한 고위 정치인과 외교관 가운데 상당수가 여성이다. 실제로 2000년 통과된 할당제법에 따라 행정부 내 임명직의 30% 이상을 여성에게 할애해야 한다.

예전에 만난 적 있는 보고타 시장 역시 여성이었다. 서울시와 친선도시 40주년을 기념해 오세훈 서울시장을 만났던 바로 그 클라우디아 로페즈 시장이다. 그녀는 콜롬비아 역사상 최초의 민선 여성 보고타 시장으로, 그가 방에 들어서는 순간 그 공간이 꽉 찬 듯한 느낌을 받았다. 작은 체구에서 어떻게 그런 카리스마와 존재감이 발산되는지 '작은 거인'이라는 말이 딱 어울리는 듯했다.

에티켓

다른 문화권에 비해 개인 공간이 작다. 그래서 대화할 때는 상대방과 가까이 서거나 앉는 것이 관례다. 대화하는 도중 팔이나 어깨를 터치하는 게 긍정적 의미의 제스처이긴 하지만 이런 접촉이 불편하다면 공손하게 얘기하면 된다.

콜롬비아 사람은 공손함을 중요하게 여기며 "부탁합니다"라는 표현을 중요하게 생각한다. 또한 '당신'의 공식 표현은 '유스테드'로, 공식적 자리나 나이 든 사람에게 말할 때 사용한다.

일반적으로 외모에 신경을 많이 쓰는데, 특히 공식적 자리나 도시에서는 단정한 옷차림을 중요하게 본다. 예배당이나 보수적인 성향의 지역을 방문할 때는 단정한 복장을 하는 것이 예의다. 그리고 기본적으로 화려한 것을 좋아하므로 비즈니스 미팅이나 중요한 사람을 처음 만나러 갈 때는 화려한 복장으로 가는 것이 좋다.

가정집에 초대받았을 때는 호스트에게 꽃, 초콜릿, 작은 기념품 등 선물을 준비하는 것이 좋다. 그리고 음식을 권하면 조금 맛보는 것이 예의인데, 이때 음식에 대한 칭찬을 잊어선 안 된다. 식사를 시작하기 전에 "부엔 프로베초(맛있게 드세요)"라고 인사하면 좋아한다.

　웃어른에 대한 존경심을 중요하게 여기기 때문에 노인을 먼저 맞이하고 필요한 경우에는 자리를 양보한다. 어느 나라를 가든 마찬가지일 테지만 말할 때는 상대방에게 주의를 기울이면서 다른 사람의 생각을 존중하는 태도를 가져야 한다.

시간관념

다른 문화권에 비해 시간관념이 엄격한 편은 아니다. 정시에 도착하는 것이 바람직하지만 사교 행사나 회의는 정해진 시간을 조금 넘겨 시작하는 경우가 많다. 다만 비즈니스 미팅이나 공식 행사에는 정시에 도착하는 것이 좋다. 사적 모임에서 콜롬비아 사람이 늦는다고 해서 너무 예민하게 반응하지 말고 서두를 필요가 없다고 생각하는 문화를 즐기면서 분위기를 따라가는 것이 좋다.

특히 버스 시간표는 웃지 못할 허구다. 때로는 쉽사리 바람을 맞히기도 한다. 이런 상황이 닥치면 처음에는 황당하다가 짜증이 날 수도 있다. 사실 지금도 이들의 시간관념에는 고개가 갸우뚱한다.

콜롬비아 사람과 비즈니스 거래를 할 때는 몇 번에 걸쳐 데드라인을 확인해야 한다. 세계적 브랜드나 세계적 회사가 된 콜롬비아 기업과 비즈니스를 할 때는 국제적 상식이나 에티켓이 통하지만, 인지도가 낮은 콜롬비아 브랜드나 작은 회사들과 일할 때는 뭐가 되었든지 간에 계속해서 확인해야 한다.

비즈니스에 있어 콜롬비아 사람의 큰 단점을 꼽으라고 한다면 느슨한 시간 감각이다. 개인적으로 콜롬비아 사람이 국제무대에서 활동하기 위해 반드시 개선해야 할 것이 시간관념이라고 생각한다.

문화적 산코초^{Sancocho}

콜롬비아는 라틴아메리카에서 브라질, 멕시코에 이어 세 번째로 인구 수가 많으며, 에콰도르와 함께 인구밀도가 가장 높은 국가다. 대부분의 인구가 안데스산맥을 따라 분포되어 있고 대도시에 집중되어 있다 보니 도시화율이 82.4%(2023년 기준)나 된다.

각 도시마다 고유한 문화가 있어 콜롬비아 여행은 풍부한 산코초(수프)처럼 만족스러운 다양성을 선사한다. 메데인에는 많은 유럽 이민자가 거주하고 있으며, 칼리 인구의 대부분은 과거 노예였던 사람들의 후손이다. 보고타와 주변 지역은 유럽 식민지 개척자와 원주민 간의 결혼이 많았으며 칼리와 카리브해, 태평양 연안에는 아프리카계 콜롬비아인의 비율이 높다.

1821년 노예제도가 폐지되면서 콜롬비아는 남미에서 브라질 다음으로 흑인 인구가 많다. 지난 4세기 동안 국제결혼이 많아서 혼혈인이 다수를 차지해 실제로 '전형적' 콜롬비아 사람이라는 표현이 꽤 낯설게 느껴질 것이다.

축구와 투우

콜롬비아 사람은 축구를 좋아한다. 전국적으로 18개 팀이 참가하는 내셔널 리그를 두 시즌(2~6월, 8~12월)에 걸쳐 치른다. 콜롬비아에서 가장 유명한 축구 선수는 제임스 로드리게스로, 그는 2014년 월드컵 대회에서 최다 득점을 기록했다.

콜롬비아에서 야구는 축구 다음으로 인기 있는 스포츠다. 사이클링도 인기가 높다. 매주 일요일 보고타의 시클로비아에는 수천 명의 사이클리스트와 스케이터가 도로를 가득 메운다. 주변 도로가 하루 동안 폐쇄될 정도다.

동물 애호가라면 경기장에서 관중이 직접 참여하는 콜롬비아 전통 투우 코랄레하의 인기에 실망할 것이다. 공식 투우 시즌은 12월 중순부터 1월 중순까지로 연말연시에 절정을 이루는데, 세계 최고의 투우사들이 모여든다. 닭싸움은 시골 지역에서 인기가 높다.

동성 간 결혼 합법화

콜롬비아에서는 2013년 동성 결혼이 합법화되었지만 실제로 적용되기 시작한 것은 2016년부터였다. 2011년 콜롬비아 헌법재판소는 2013년 6월까지 동성 결혼 관련 법안을 통과시키라고 의회에 명령했다. 만약 의회가 이행하지 않을 경우 동성 커플은 그날부터 모든 결혼 권리를 자동적으로 부여받도록 했다.

결론적으로 의회는 아무런 조치를 취하지 않았고, 2013년 7월 24일 콜롬비아 최초의 동성 결혼식이 치러졌다. 2016년 콜롬비아 헌법재판소는 국가가 동성 결혼을 처리하고 인정해야 한다는 판결을 내렸는데, 이로써 완전한 법적 권리가 확정되었다.

그 밖에
알아두어야 할 정보

1. 평화협정과 무장 해제

콜롬비아 정부는 2016년 좌익 게릴라 조직 콜롬비아무장혁명군과 역사적인 평화협정을 체결하고, 코로나19 팬데믹이 시작된 2020년 3월 콜롬비아민족해방군ELN과도 휴전했다. ELN은 2019년 보고타에서 차량 폭탄 테러를 일으켜 22명을 사망하게 만든 단체다. 그 결과 50년에 걸친 내전이 종식되었고, 콜롬비아는 예전보다 훨씬 더 안전해졌다. 또한 과거 여행 금지 구역이었던 많은 곳이 여행 가능 지역으로 바뀌었다.

대부분의 무장단체는 더 이상 관광객을 표적으로 삼지 않는다. 다만 신분을 오인해 납치하는 경우가 있다. 콜롬비아 서부 지역, 베네수엘라와 국경을 접한 외딴 지역, 아마존 일부 지역의 치안 상태도 여전히 불안정하다.

2020년과 2021년에는 경찰의 폭력, 세금, 코로나19 팬데믹 대처에 반대하는 시위가 있었다. 일부 시위는 폭력적으로 변해 시위대가 사망하는 사태가 발생하기도 했다. 수십 건의 국지적 시위와 시위 현장에서 발생한 폭력 충돌로 경찰 폭력이 부각되기도 했다. 도로 봉쇄와 이동 제한이 예고 없이 일어나므로 사람이 많이 모이는 장소는 가급적 피하고 현지 뉴스를 계속 확인할 필요가 있다. 주요 관광지를 벗어나지 않는 것이 좋으며, 외딴 지역으로 갈 때는 추천 투어를 예약하면 문제가 발생할 가능성이 낮다.

2. 치안

보고타, 칼리, 페레이라, 메데인 등 대도시에서는 강도나 소매치기(때로는 무기를 소지한) 등 거리 범죄가 심각해 경계의 시선을 늦추면 안 된다. 가장 빈번하게 일어나는 사건은 휴대폰이나 카메라 낚아채기, 소매치기, 부주의한 틈을 타서 장비를 집어 달아나는 것 등이다. 범죄자들은 오토바이를 타고 짝을 지어 다니거나 그룹을 지어 활동하는 경향이 있는데, 주의를 분산시키는 것도 그들의 전략 가운데 하나다.

은행 현금인출기에서 돈을 인출할 때는 특히 주의해야 하는데, 은행 직원을 사칭하며 도움을 주겠다고 나서는 사람을 경계해야 한다. 가능하면 돈과 귀중품은 안전한 곳에 두고 다니길 권한다. 5만, 10만 페소의 소액 지폐를 소지하고 다니다가 요구하면 그냥 건네주는 것이 좋다. 페소가 없다고 거부

하면 예측할 수 없는 상황이 발생할 수도 있다. 또한 범죄자들을 피해 도망치거나 이들과 몸싸움을 벌여선 안 된다. 이길 가능성이 희박할뿐더러 살해당할 수도 있다. 또한 지나가는 행인의 도움은 기대하지 않는 것이 현명하다.

혼잡한 장소에서는 개인 소지품을 항상 주의 깊게 살펴야 한다. 귀중품이나 현금, 중요한 서류는 돈 벨트나 비밀 주머니 등에 넣어 휴대하는 것이 좋다. 또한 주의를 끌 만한 고가의 제품은 지니지 않는 것이 범죄의 대상이 되지 않는 방법이다.

3. 사기

전형적인 여행자 대상 사기를 조심해야 한다. 여기에는 가짜 여행 가이드를 이용한 납치, 상품이나 서비스에 대한 바가지 요금, 주의를 분산시키는 전략 등이 포함된다. 대도시에서 멀리 떨어진 지역이나 오지를 여행할 계획이라면 해당 지역에 대해 잘 아는 현지인에게 도움을 요청하는 게 좋다. 가까운 사람에게 머무는 장소와 언제 돌아올지 등 여행 계획을 미리 알려주는 것도 방법이다.

가짜 경찰 사기가 벌어지기도 하는데, 경찰관으로 신분을 속이고 위조지폐 여부를 확인한다면서 돈을 내놓으라고 요구하는 수법이다. 이때는 지역 경찰서로 안내해 달라고 요청하는 게 현명하다.

4. 경찰서 신고

콜롬비아 군대는 신뢰도가 높고 연방 경찰은 평판이 좋은 편이지만, 지역 경찰은 월급이 적어 뇌물 수수 사건에 연루되거나 관광객을 괴롭히는 사건이 종종 발생한다. 일부 지역에는 전문 관광 경찰이 있으며, 이들은 대부분 영어를 구사할 줄 안다. 제복을 입고 있으며 팔찌에 부착된 관광 경찰Policía de Turismo 라벨로 쉽게 알아볼 수 있다.

여권이나 귀중품을 도난당했다면 경찰서에 가서 신고하는 게 좋다. 진술서 사본은 임시 신분증으로 사용되며, 보험금을 청구할 때 보험사에 제시해야 한다.

5. 마약

대부분의 콜롬비아 사람은 코카인의 폭력적 역사로 말미암아 코카인 사용을 금기시한다. 그와 관련된 주제를 논의하는 것조차 꺼린다. 도시 지역의 젊은 사람들은 마약보다 음주를 더 선호하며, 바랑키야 카니발은 그들에게 해방구 역할을 한다.

콜롬비아에서는 원칙적으로 코카인과 마리화나를 구매하거나 판매하는 것이 불법이다. 주요 도시에서 저렴한 가격에 구할 수 있지만 대다수의 콜롬비아인은 마약을 소비하지 않으며, 해외 마약 거래가 콜롬비아에서 일어난 수십 년간의 폭력적 분쟁에 책임이 있다고 여긴다.

최근 아야와스카(야게)를 찾기 위해 콜롬비아를 방문하는 여행객이 증가하고 있는데 각별한 유의가 필요하다. 다양한 열대우림 식물에서 추출하여 콜롬비아 원주민들이 수 세기 동안 의식에 사용했던 환각제 야게는 믿을 수 없을 정도로 강한 환각과 함께 구토를 유발한다. 2014년 19세의 영국인 배낭 여행객이 푸투마요 근처에서 이 약을 복용했다가 사망한 사례가 있다.

길거리나 술집, 나이트클럽에서 마약을 제안하는 사람을 만날 수 있는데 절대로 응해선 안 된다. 판매자가 경찰을 사주하거나 공범이 미행해 허위 경찰 문서를 보여주며 돈을 내놓지 않으면 감옥에 보낸다고 협박할 수도 있다.

여행객에게 마약을 심는다는 보도도 있으니 주의해야 한다. 공항에서 낯선 사람이 수하물 허용량을 이유로 자신의 수하물을 기내에 반입해 달라고 요청하면 반드시 거절해야 한다.

스파이크 음료 부룬단가는 콜롬비아에 널리 퍼져 있는 나무에서 추출한 약물로, 범죄자들이 피해자를 의식불명 상태로 만들기 위해 사용한다. 눈에 띄는 맛이나 냄새가 없어 과자, 담배, 껌, 증류주, 맥주 등 모든 종류의 음식이나 음료에 넣을 수 있다. 이를 복용하면 의식이 있더라도 의지가 상실되어 범죄자들이 귀중품을 넘겨 달라고 요구하면 그대로 따르게 된다. 기억력

상실이나 졸음이 나타날 수 있는데, 이런 증상은 몇 시간에서 며칠 동안 지속될 수도 있다.

6. 안전 지침

평판이 좋고 안전한 호텔이나 게스트하우스를 선택해야 한다. 숙소를 선택할 때는 보안 출입구, CCTV 카메라, 객실 내 금고 등 적절한 보안 조치가 마련되어 있는지 확인해야 한다.

이동할 때는 신뢰할 수 있는 교통수단을 이용해야 한다. 보고타, 메데인, 카르타헤나 등 대도시에서는 면허를 소지한 택시나 우버와 같은 차량 공유 서비스를 이용하는 게 안전하다. 표지판이 없거나 불법으로 영업하는 택시는 피해야 한다. 그리고 허가받은 여행사를 이용하는 것이 안전하다.

7. 자연재해

콜롬비아는 폭우, 화산 폭발, 지진으로 인한 산사태에 취약하다. 항상 날씨를 주시하고 현지 당국의 지시나 주의 사항을 체크하는 것이 좋다. 또한 우기에는 산사태 등 잠재적 위험에 대비해야 한다.

감사의 말

바쁜 일정에도 이 프로젝트를 물심양면으로 지원해준 알레한드로 펠라에스 로드리게스 대사님, 콜롬비아에 대해 궁금한 것이 있을 때마다 명쾌하게 알려준 한국 프로콜롬비아 대표 셜리 베가Shirley Vega, 스페인어 번역에 도움을 준 윤예지 상무관, 여러 요청에도 빠르게 응대해 준 최우주Nicole Choi 비서, 영어 번역본 윤문을 도와준 송명준Jason, 송경민Christine 님께 감사드린다. 콜롬비아 첫 여행을 적극적으로 지지하고 격려해 준 송경원Alice 님께도 감사를 전한다.

콜롬비아 커피에 대해 많은 정보를 알려주신 추종연 대사님, 멋진 추천사를 써 주신 소라야 카로 바르가스 콜롬비아 산업개발부 차관께도 감사드린다. 도움을 청할 때마다 언제 어디서나 발 벗고 나서 주는, 어느덧 비즈니스 관계를 넘어 절친이 된 콜롬비아 전 공군 참모 총장이자 전 주한 콜롬비아 대사 티토 사울 피니야에게도 이 자리를 통해 진심 어린 감사의 말을 전한다.

마지막으로 이 프로젝트에 많은 지지와 격려를 보내준 모든 콜롬비아 친구에게 고마운 마음을 전하고 싶다.

Thanks to

I would like to thank Ambassador Alejandro Peláez Rodríguez, who encouraged and wholeheartedly supported this project despite his busy schedule, and Shirley Vega, CEO of Pro Colombia in Korea, who provided answers whenever I had questions regarding Colombia which pertained to this project. In addition, I would also like to thank director Yeji Yoon, who helped with the Spanish translation, and ambassador's secretary Nicole Choi who was quick to respond to all my requests; and Myungjun Jason Song and Kyungmin Christine Song who helped with the English translation. I would also like to thank Kyungwon Alice Song for supporting and encouraging my first trip to Colombia.

I would also like to thank the former Korean Ambassador to Colombia, Jong Youn Choo, who willingly allowed me to cite necessary parts from his book, Soraya Caro Vargas, Vice Minister of Industrial Development, who wrote a wonderfully detailed recommendation for this book. I would also like to take this opportunity to express my sincere gratitude to Tito Saul Pinilla P. former Commander-in-Chief of the Colombian Air Force and former Colombian Ambassador to Korea, who now happens to be a close friend of mine, who steps forward whenever and wherever I ask for help regarding Colombia and further.

Lastly, I would like to express gratitude towards all my Colombian friends who showed a lot of support and encouragement for this project.

라틴아메리카의 보석 콜롬비아

1판 1쇄 인쇄 2024년 7월 10일
1판 1쇄 발행 2024년 7월 29일

지은이 김정아
펴낸이 김수연
교정 김미경

펴낸곳 도서출판 다크호스
출판신고 제2022-000189호
주소 경기도 고양시 일산서구 대산로 123 현대플라자 3층
전화 070-8983-5827
팩스 0504-254-6022
전자우편 dark_2023@naver.com

ISBN 979-11-980923-6-6 03950

• 이 책의 수익 전액은 콜롬비아 아동의 교육 지원을 위해 기부됩니다.